自我升級
第一原理

THE FIRST RULE OF
MASTERY

LOADING 80%

Stop Worring about What People
Think of You

Michael Gervais, PhD & Kevin Lake
麥可・傑維斯 博士、凱文・雷克——著　廖建容——譯

目錄

序言　自我升級的最大限制　　5
把注意力聚焦在我們能掌控的事

1　貝多芬的秘密　　23
揭開恐懼，讓音樂之神走上精進之路

第一部　為什麼會有他人意見恐懼

2　什麼是他人意見恐懼FOPO　　41
從「先天機制」到「過度在意」

3　自我保護的本能　　63
了解恐懼，改變我們與恐懼的關係

4　被認同的渴望　　85
當你的身分認同取決於外在世界

5　對自我價值的不確定　　117
知道你的價值在哪，不要任由他人定義自己

6　容易被綁架的大腦　　135
不要讓思緒進入自動模式，綁架我們的注意力

第二部　突破他人意見的心魔

7　別總以為自己在聚光燈下　　151
我們常高估別人對我們的關注

8　別總以為自己有讀心術　　161
直接開口問就好

9　察覺自己的確認偏誤　　183
我們透過「信念」這個過濾器來創造現實

10　讓自己與更大的格局連結　　199
我們並非先成為個體，而後才學習社交

第三部　重新應對他人意見

11　訓練大腦把挑戰視為機會　　223
大腦難以區分信念與身分認同

12　建立自己的重要反饋圈　　231
挑選對自己重要的人傾聽，避免對意見過度反應

13　你早已知道這些並不重要　　239
聽從自己的聲音，勇敢追求真心想要的選擇

謝辭　　253
註釋　　257

序言
自我升級的最大限制

「他人惹惱我們的每件事，
都能引導我們更了解自己。」

―卡爾・榮格（Carl Jung，瑞士心理學家）

當我們更看重別人的意見，而不是自己的意見，我們便是按照別人的（而不是自己的）方式過日子。壘球明星勞倫・雷古拉（Lauren Regula）在通往2020年東京奧運的路上，陷入了左右為難的困境。雷古拉在十一年前就退休了，但此時，有一個千載難逢的機會找上門，亦即再次為加拿大國家隊披上戰袍，登上壘球運動的最高殿堂。加拿大國家隊在2008年北京奧運銅牌戰，以些微差距飲恨落敗，與銅牌擦身而過。為了一雪前恥，加拿大國家隊教練打電話給雷古

拉,希望她能重披戰袍,把握最後一次奪得奧運獎牌的機會。此時的雷古拉已經三十九歲,有三個孩子,和丈夫一起經營自己的事業。

在這個故事的電影版本中,雷古拉可能會興奮得尖叫。這會是劇中情感戲的高潮,感人的背景音樂此時流洩而出。

但在現實世界的版本,雷古拉非常猶豫。

在內心深處,她知道自己很想參賽,但她的前方有挑戰、也有懷疑。她曾經參加奧運兩次,她很清楚,接下來的訓練不會只是短短幾個星期的事。[1] 為了追求這個夢想,她必須離開孩子很長一段時間,而她的三個孩子分別為十一歲、十歲和八歲。更麻煩的是,在奧運開始前的六個月當中,這些運動員只能離開隔離「泡泡」一次。

「身為一個媽媽,參加奧運不是一個可以輕易做出的決定,」她對我說。「更別提在過去十二年,我打球的時間只有短短幾個月,而且我還有和老公一起經營的事業。」

然而,真正阻礙她參加東京奧運的,不是年紀、長時間離家,或是與產後憂鬱症對抗的那些歲月,而是擔憂別人會怎麼想。

雷古拉如此說：

當我與他人分享受訓、長途移動，以及全力追逐這個夢想的點點滴滴時，我收到以下這些回應：

哦，我的天，這我做不到……。我絕對沒辦法離開我的家人那麼久。
（插入「不是好媽媽」的論斷）

你覺得你還辦得到嗎？我是說，你難道不擔心自己再也無法像以前一樣厲害嗎？
（插入「你以為你是誰？」的論斷）

你不是史上最老的球員嗎？
（插入對年齡的論斷）

大衛可以接受你要離開家裡去打球的事嗎？
（插入「不是好太太」與「拋夫棄子」的論斷）

那些負面評語讓我壓力很大。別人究竟會怎麼看待我和我的決定，讓我壓力很大。他們可能會認為我是個不稱職的媽媽和老婆，也讓我很有壓力。還有，我已經太老了，我一定辦不到等等。這些想法真的讓我非常遲疑。別人對於我做的這個決定的看法，主宰了我的世界。

現在，我的正面想法多於負面想法；但我發現，在那個時候，負面想法有更強的吸引力，也更有分量。現在的我看著當時被困在那些負面評語裡的自己，想起了一句我很喜歡的語錄：「一棵樹能製作一千支火柴。一支火柴能燒掉一千棵樹。」

雷古拉在她對自己與別人對她的評價之間掙扎。其實，我們都曾以不同的形式，經歷過雷古拉的困境。我們究竟要追隨自己內心的指令，還是要順從社會的規範與期待？

換個說法，讓雷古拉飽受折磨的，是「他人意見恐懼」（fear of people's opinions, FOPO），而這種恐懼讓她差點失去追逐夢想的最後一次機會。

限制潛能的最大因素

「他人意見恐懼」（以下稱FOPO）是一種潛藏的心理現象，而且可能是限制人類潛能的最大因素。[2]在現代社會，我們擔心別人對我們的看法，已成為一種非理性、無益，而且不健康的執著。它的負面影響無所不在。

當我們受FOPO影響，我們會對自己失去信心，也會使我們的表現隨之遭殃，這是人性。

然而，假如我們不加以留意，FOPO有可能會占據我們的腦海，一點一滴侵蝕毒害我們。我們不再聚焦自己的想法和感覺，而是開始執著於別人的想法和意見，無論是別人說出口的，還是我們察覺到的，而這種執著可能會影響我們的決定和行動，以及我們的生活。

想想雷古拉的例子。假如她讓自己的負面想法（她對他人意見的恐懼）主宰自己，她就會失去最後一次機會，去做她一生受的訓練所要做的事。

FOPO是人類境況的一部分，因為人類的運作乃是倚靠遠古時代的大腦。對社會認可的渴望，使得數千年前的人類

祖先變得謹慎而精明。假如某次打獵失敗的責任要歸咎於你，那麼你在部落的地位可能會因此受到威脅。

但在現今社會，社群媒體的普遍使用、追求成功的強大壓力（而且是愈年輕成功愈好），以及我們對於外在獎勵、衡量指標和他人肯定的過度依賴，使得FOPO的影響力愈來愈猖獗。

當領導人不能勇敢直言並做出困難的決定，或是執行長偏重短期的股東獲利、而不是公司的長期健康；或是政治人物按照政黨的利益、而不是自己的良知投票，這些都是FOPO發揮作用的跡象。

你愈早從根本上改變你與他人意見的關係，你就愈快得到自由。無論你身在何處，都能感到全然的輕鬆自在。

FOPO會出現在我們生活的幾乎每個角落，對我們產生極大影響。我們謹言慎行、自我設限，因為我們害怕別人的批評。若遭遇質疑或挑戰，我們便全面進入防衛模式，用我們為自己打造的尖銳武器保護自尊心，或是徹底退讓、放棄自己的觀點。

我們為了得到他人的認可，不惜拋棄忠於自我的念頭。

當我們無法掌控結果時，我們不會提出疑問。我們察言觀色是為了得到歸屬感，而不是出於關心。即使別人說的笑話不好笑，我們還是會應酬陪笑。當有人說出冒犯的話，我們忍氣吞聲。我們在聽別人說話的同時，也在心裡盤算著該怎麼回應。我們追求權力而非目的。我們選擇取悅別人，不敢激怒別人。我們追逐別人的夢想，而不是自己的夢想。

我們把自尊與自我價值交給別人決定。我們透過別人的眼睛看自己。我們向外看，透過外界來決定我們對自己的感覺。若別人認可我們這個人，或是我們做的選擇，我們會覺得很棒。若別人不認可我們這個人，或是我們做的選擇，我們會覺得很糟。

我們走跳這個世界，努力取悅他人，活成我們認為別人期待的樣子，而不是真正做自己。我們對自己的需求渾然不覺，或是因為忙著追求自我價值，而對自己的內在需求視而不見。

我們很可能會把自己在這個美妙星球上的短暫人生，用來扮演某個角色、住在某個身分認同裡、努力迎合他人的期待。我們很可能永遠不會發現，自己能夠成為什麼樣的人。

現在，請想想你在生活中所做的決定。你選擇的職業路徑是出於你的熱情嗎？或是你決定投身法律或商業界，是因為別人期望你那麼做？不然，讓我這麼問吧：你是否曾經有過想要改變生活，或大膽迎接新挑戰的衝動，卻因為顧慮別人的看法而作罷？

我們都有過這樣的經驗。

重點是：假如你愈來愈不留意你的構成要素（你的才能、信念與價值觀），而開始迎合別人對你的看法，你將大大限制自己的潛能，以及追求卓越的機會。

我們每個人都有自己的特質與長處，我們有責任將之發揮到淋漓盡致。我們永遠處於成長的狀態，而這種努力成為自己想成為的樣子的狀態很脆弱，在日常生活的內外在壓力下很容易失去。我們需要很強的決心和願景才能成功。[3]

假如你受到外在力量（像是他人的意見或社會壓力）的過度影響，那些力量有可能困住你，限制了你的可能性。[4] 於是，你告訴自己，「我成功的機率太低了」，或是「我不夠聰明」，而不是採取行動。你可能會說，「我太老了」，而不是著手轉換職業跑道。若不加以檢視，你可能會覺得這

些說法是真的、是對的,而且不容改變。

想要融入群體的渴望以及擔心被討厭的恐懼,會削弱我們追求理想生活的能力。

雖然我們遠古的大腦使FOPO成為日常生活的現實,但並不代表我們需要為此憂心,以致無法去做我們想做的事。

相信自己的決定

伍迪・霍伯格（Woody Hoburg）的故事突顯出,當我們走自己的路、不受他人意見的影響時,便能因此開啟新的可能性。伍迪是我所遇過最優秀的人之一。他不論是在情感、心理、智力或體能層面,都非常出色。他有著強烈的冒險精神,也有旺盛的好奇心,而且非常謙卑。他從小就熱愛登山,並夢想上到外太空。伍迪在取得麻省理工學院航太學士學位後,便到柏克萊大學攻讀資訊工程博士學位。

伍迪喜愛解決高難度的技術性問題,但他還有大不相同的另一面。他在就讀柏克萊大學期間,週末會到附近的優勝美地國家公園（Yosemite）登山,還會開飛機,但他希望自

己的冒險活動更有條理和意義。他想把自己的各項技能應用在一份有意義的工作上。他得到的結論是，去取得緊急救護技術員證照，並申請加入優勝美地國家公園搜救隊。

進行高山救援與攻讀資訊工程博士學位，這兩件事毫無關聯，於是伍迪向他的學校老師尋求意見，這些人是他深深敬重且至今仍視為朋友與人生導師的人。許多老師勸他打消念頭，對他說：「我不認為那是個好主意，我不確定那對你的學業是否有幫助。」竟然有如此多的老師勸阻他，這讓伍迪覺得很有意思。

假如你走的是學術之路，那麼學術界前輩的意見就深具分量。正如伍迪所說：「我非常信任且敬重這些老師，我很想聽從他們的意見。」但伍迪克服了想要順從他人意見的誘惑。「到最後，我必須做出選擇……。我知道我一定要這麼做，我也很高興我真的這麼做了，因為那是我最棒的人生經驗之一。」

伍迪在柏克萊大學完成博士學位之後，開始在麻省理工學院教書，同時在攀岩館鍛鍊體能。就在這個期間，他的至交好友告訴他，美國航太總署NASA在暫停召募太空人四年

之後，又重新開始受理申請。伍迪到USAjobs.gov網站填妥報名表並送出，但他覺得自己被選上的機率是零。一年半後，伍迪從一萬八千多名合格的申請人當中脫穎而出，成為太空人訓練班的十二位學員之一。在我撰寫本文的同時，伍迪‧霍伯格博士正在國際太空站，展開為期六個月的太空任務。他和我剛完成史上第一個在外太空錄製的播客節目。

伍迪為何能被選上？他認為，加入優勝美地搜救隊的資歷使他脫穎而出。他拒絕屈服於他人的意見，而這個決定給了他一張上外太空的門票，讓他實現了童年的夢想。

通往專精之路的精髓

身為一名高績效心理學家，我有幸能與世界上最傑出的個人和團隊合作。當西雅圖海鷹隊（Seattle Seahawks）擊敗丹佛野馬隊（Denver Broncos），贏得第四十八屆超級盃冠軍時，我在球場邊見證了這場勝利。當奧地利定點跳傘運動員菲利克斯‧保加拿（Felix Baumgartner），從三萬八千多公尺的高度，以時速將近1300公里的速度下墜，完成破紀錄的

壯舉時,我坐在指揮調度中心全程觀看。當美國衝浪隊在東京贏得史上第一面奧運金牌時,我也在場。當被認為是史上最強大的女子沙灘排球選手組合凱莉·詹寧斯(Kerri Walsh Jennings)與米斯蒂·梅崔納(Misty May-Treanor),連續三屆贏得女子沙灘排球奧運金牌,我就在球場旁邊。當全世界最大的科技公司執行長,決定要率先以思維方式、同理心與使命來建立企業文化時,我就在現場。

　　世界上最優秀的人突破人類潛能的既定限制,拓展我們對可能性的看法。

　　然而,根據我的觀察,他們之所以出類拔萃,不只是因為技藝超群。這些表現傑出的人除了堅持不懈、努力成為最好的自己之外,他們還致力追求內在的卓越。他們永遠不斷激勵自己精益求精。

　　這不是件容易的事。雖然我們往往把運動員、演員、領袖和音樂家視為非比尋常的人,認為他們天生擁有絕佳的體育技能與強悍的精神力量,但現實要複雜得多。事實上,成功(尤其是眾人皆知的成功)使我們更容易受FOPO影響。

　　想像一下,每天無時無刻都從粉絲、媒體和社群媒體得

到無止境的反饋意見,會是什麼樣子。如果你是一位知名歌手或演員,假設你不斷從社群媒體看到別人對你的歌聲、外貌與能力的意見和評論,這難道不會令你難受嗎?

或是想像一下,你用自己的一生致力達到運動成就的巔峰,但後來發現,功成名就的誘惑其實只是個陷阱,最終帶來的可能是孤獨與憂鬱。

假如你的成功僅以一個簡單的指標來衡量:勝利。這對奧運選手來說尤其困難,因為他們這輩子接受訓練只為了參加這項運動賽事,而比賽的時間有可能不到一分鐘。如果你是第四個跑過終點線的人——你將與獎牌擦身而過。

我們在企業界也能發現這個情況。你的位階愈高,就愈會被人放大檢視與評論。企業領導人有權做出對利害關係人(包括員工、顧客、股東和民眾)影響重大的決定,因此,他們的行動和決定,更有可能會受到這些人的關注和評論。媒體的報導則進一步擴大民眾意見的影響力,這會施加壓力給領導人,迫使他們有效管理自己的公眾形象。這是領導階層也深受 FOPO 影響的原因。

我想說的是,我們太常聚焦於外在事物(你無法掌控的

事物），而且這個習慣不會因為成功經驗而改變。

因此，很重要的是，我們要先從內在下功夫，把焦點放在我們能掌控的事物，也就是我們自己。

若想精通生活中的任何領域（藝術、商業、教養兒女、運動），都需要能夠分辨哪些在我們的掌控之中，而哪些是我們無法控制的。

當我們把注意力放在我們無法掌控的事物，我們的焦點與精力便離開了我們能掌控的事物。

因此，專精的第一原理是向內審視自己，並從根本上致力於精通百分之百在我們掌控中的事。我們無法真正掌握在此之外的事物。這是通往專精之路的精髓。

擁抱FOPO

在專業運動領域，運動員會先下功夫在自我覺察與建立心理能力，以便在面對挑戰時能夠有現成的內在工具，可以引領他們克服挑戰。我們也可以應用這個策略，轉化我們與「所感知到的他人意見」，以及我們與「他人對我們的評斷」

之間的關係。

本書希望能讓潛藏在表面之下的心理機制浮上檯面，並讓它變成你最好的老師。把FOPO視為一個機會。開始在你的生活中努力辨識它。從你對它的反應出發，開始更進一步了解你自己。意識到你選擇用什麼方法思考他人對你的評斷，並做出回應。

本書的每一章都提供一個洞察或功課，幫助你運用FOPO來釋放你的潛能。

不再逃避或忽略FOPO，而是把它視為一個學習的機會，一個有助於你釋放潛能的墊腳石。用它來發現你隱藏的面向。當FOPO浮現時，擁抱它，藉由它找出隱藏在恐懼背後的東西。

舉例來說，你在與客戶開會時，突然想到一個很棒的點子，但你卻選擇不說出來。請好好探索背後的原因。你希望自己先把那個點子想清楚，然後才有信心提出來嗎？你擔心自己的表達能力不夠好嗎？還是你擔心大家對你的點子反應不佳？若是後者，假如別人不採納你的點子，會怎麼樣？那代表你能力不足嗎？或是你不夠優秀？請繼續往下探索，找

出你擔憂的根源。你對自己說的是一個什麼樣的故事？

學習覺察我們對他人意見的恐懼，是削弱它的影響力的第一步。以覺察做為改變的第一步，並不是什麼新奇的觀念。每一本自我成長的書，每一個新年新願望，所有的十二步驟計畫，都是從自我覺察出發。除非覺察到我們要處理的挑戰，否則我們甚至無法思考「改變」這件事。

但覺察只是第一步。除了覺察之外，我們還必須培養一些心理能力。當某個人恐慌症發作時，他或許可以清楚覺察到，是自己的想法促使恐慌症發作，但卻缺乏處理那些想法的能力。

雷古拉是個典型的例子。她沒有讓FOPO主宰她的人生走向。東京奧運因為新冠疫情的關係，延後一年舉行。2021年，三十九歲的雷古拉來到東京，最後她站上領獎台，收下了一面奧運銅牌。但雷古拉沒有忘記，她本來很有可能與自己的夢想擦身而過：

FOPO真實存在。

我幾乎讓它阻礙我向前進。

感謝老天，我沒有讓那件事發生。

感謝老天,我有足夠的自信心,聽從自己內在的聲音。

所以,我想請你問問自己……

FOPO是否阻礙了你向前進?[5]

1
貝多芬的秘密

「藝術家絕不能成為自己的囚徒、風格的囚徒、
名聲的囚徒、成功的囚徒。」

—亨利・馬蒂斯（Henry Matisse，法國畫家）

沒有人能對FOPO免疫，不管是你、我，或是世界級運動員，都是如此。即使是知名藝術家，像是史上最偉大、最多產的作曲家，也難逃被FOPO伏擊的命運。

然而，唯有當我們正視FOPO的威力，才能真正踏上通往專精之路。

以貝多芬（Beethoven）為例。

對許多人而言，貝多芬是上帝精心挑選的器皿，用來傳遞從天而來的樂音。他的作品革新了每一種古典樂類型。他

打破了所有規定，創作出世上最偉大的作品。他讓世人看見什麼是創作天才。他擺脫傳統的束縛，走出一條屬於自己的藝術家之路。

儘管貝多芬是世界上最無所畏懼的藝術家之一，在他的人生中卻有三年的時間，都活在對他人意見極度恐懼的陰影之下。

在貝多芬即將達到事業巔峰之際，他開始逐漸遠離大眾的視線。他的心中藏著一個祕密，他認為若被人發現，他的職業生涯將毀於一旦。這位似乎生來就與命運和不公平奮戰的藝術大師，選擇了社交孤立，而不是大聲說出那三個字。

「我聾了。」

貝多芬在二十幾歲時開始漸漸損失聽力。聽力損失會直接影響他的創作和生計，這個殘酷的事實驅使他開始搜尋各種治療方法，包括使用杏仁油耳塞，以及用有毒的樹皮泡澡，但都徒勞無功。在剛開始損失聽力的頭幾年，除了醫生之外，他沒有向任何人透露這件事。他的名氣愈來愈響亮，但他卻把自己封閉起來，獨自面對所有痛苦的想法和感受。

於是，他開始以天才藝術家的形象，假裝正在腦海中創

作，來掩飾聽力變差的事實。

當他聽不見某人說的話，或是別人提到的某個聲音，對方會以為他只是一時沒察覺，或是記性差（畢竟，貝多芬已經是知名人物）：「我很驚訝有些人從來沒有注意到我已經失去聽力；不過，由於我會習慣性的閃神，所以他們往往把我的聽力變差歸因於走神。若有人輕聲說話，我通常聽不見；我聽得到說話的聲音，但聽不出對方說了什麼。不過，若有人對我大聲吼叫，我同樣無法忍受。只有上天知道我的未來會如何。」[1]

貝多芬非常擔心聽力損失會對他的音樂創作造成影響，尤其是彈鋼琴的能力。但大眾的看法帶來的威脅也同樣巨大。「假如我從事的是其他職業，情況可能會好一點，但對音樂家來說，我面臨的是非常可怕的狀況，更令我擔憂的是，我（為數不少）的競爭對手會怎麼說？」[2]他擔心詆毀他的人，會利用這件事攻擊他。他擔心那些批評會導致別人開始看輕他，並將他逐出維也納音樂圈。

貝多芬費了很大的心力，才打進那個音樂圈，而且就和當時的其他藝術家一樣，他需要倚賴貴族的贊助來維生。要

擺脫喪失聽力的汙名，可能比克服聽力損失更加困難。

但最大的威脅，可能來自貝多芬的身分認同。「我怎麼可能承認我有這種感官上的缺陷呢？我的感官本該比他人更加完美，而我也曾經在這種感官上擁有極致的完美，其程度就連我那些同行也少有人能夠企及。」貝多芬在給弟弟的信中如此寫道。[3]

他可是音樂之神貝多芬，而音樂之神理應要比凡人更能聽見音樂。他的聽力損失與他對自己的認知，或是他想推廣的人設有衝突。他的身分認同很狹隘，非常倚賴他人的認可和讚美。對他來說，他的身分與他的皮膚和骨頭同樣真實且不容改變。正如他在寫給他的慷慨贊助人赫諾夫斯基王子（Prince Lichnowsky）信中所反映的，他的身分認同幾乎是靠傳奇故事創造出來的。「王子啊！您之所以為您，是因為您的出身和背景。而我之所以為我，是靠我自己造就的。這個世界上有不計其數的王子，但只有一個貝多芬。」[4]

在生存受到威脅時，貝多芬做出的反應和我們大多數人一樣，他努力想保護自己。他向外看，想要讓外在現實符合他對自己的看法，而不是向內看，改變他看待自己的方式。

貝多芬構築了一個不受他人意見影響的現實，但他為此付出高昂的代價。他通常聽不見別人說的話，但又不敢請對方說大聲一點，因為害怕別人會發現他的聽力問題。

　　於是，他偽裝成一個厭世的人，藉此隱藏他的祕密。他有好幾年的時間離群索居，獨自活在無聲的世界裡，甚至想過要輕生。

父親的問題

　　貝多芬從小就因為大人的教導，而相信別人的意見很重要。他的父親約翰是一個才華普通的男高音，他的音樂夢因為酗酒而破滅了。於是，他把希望寄託在兒子身上。他親自當貝多芬的老師，並用言語和肢體暴力管教兒子。他透過吼叫、威脅和毆打的方式，有時還把貝多芬關在地下室，只為了讓兒子乖乖聽話。[5]有一天，約翰跟朋友出去玩，晚上回到家後，他讓年幼的貝多芬站在凳子上，彈奏鋼琴曲給他的朋友聽，只要貝多芬彈錯一個音，約翰就動手揍他。

　　當年幼的貝多芬開始逐漸展露才華，約翰下定決心，要

讓貝多芬成為歐洲下一個音樂天才。約翰就像是十八世紀的星爸，在德國波昂（Bonn）的音樂圈四處推銷貝多芬。在貝多芬七歲時，約翰為了要讓貝多芬更符合天才兒童的形象，謊報他的年齡、讓他小了一歲。約翰在科隆（Cologne）租了一個表演廳，並在當地報紙刊登一則廣告，推銷這個曾經到宮廷表演的「六歲兒子」。[6]貝多芬從小就被強力灌輸一個訊息，「你本來的樣子還不夠好。」

貝多芬很早就意識到，那些欣賞他的人的地位和意見，將決定他能否在十九世紀的維也納音樂圈步步高升。在更深的層次，他親身體驗了別人因為他的表演和成就所給他的認可與愛。他父親的行為向他清楚傳達出一個訊息，他之所以被愛，不是因為他這個人，而是因為他做的事。當愛與認可混合在一起，往往使人在長大後，發展出一種尋求認可的模式，而眾人的目光則更加強化貝多芬的自我感知意識。

避難所

貝多芬找到了一個地方，那是一個別人的意見進不去、

自我懷疑無法存在，而且提供經濟援助的貴族金主無法觸及的地方——他的內心世界。

貝多芬發展出一種能力，能夠全然沉浸在自己的音樂裡，躲進他的內在世界，對周遭一切渾然不覺，同時忘了自己的存在。他無入而不自得，無論是獨自在筆記本潦草的記下樂譜，或是在人群中即興作曲。

貝多芬的童年好友回想起一次這樣的時刻。她正在對貝多芬說話，但他似乎心不在焉，聽不見她說的話。當他終於回神時，他說，「哦，不好意思，請原諒我！我陷入了深刻的美妙思緒，實在捨不得被打斷。」[7]傳記作家揚・斯沃福德（Jan Swafford）將此一狀態形容為「出神」（trance），當貝多芬處於這個狀態，「即使在他人的陪伴下，他也能獨處」。[8]一位曾大力幫助貝多芬發展早期事業的家族友人，給這個狀態取了一個名稱，叫作「神遊」（raptus）。[9]凡是與貝多芬熟識的人，都知道他有這個狀況。當他又進入自己的內心世界，旁人往往會說，「他今天又神遊了。」[10]

神遊狀態下的貝多芬發展出一些內在能力，使他能專注於腦袋裡的音樂，同時把內在與外在干擾隔絕在外。他能夠

1 —— 貝多芬的秘密

去一個他人意見無足輕重的地方。他能自在的在內心的洞穴裡自由探索，因為他非常善於獨處。他知道怎麼聆聽自己的音樂。

然而，當他從神遊狀態出來，回到尋求他人認可的現實世界，便面臨很大的挑戰。

正視FOPO

漸漸的，貝多芬的聽力問題已到了無法掩飾的地步。他在1802年10月6日寫給兄弟們的信中，以誠摯且揪心的語氣描述了這個困境，這封信後來被稱作《海利根施塔特遺書》（Heiligenstadt Testament）。[11]

> 唉，你們以為我是個惡毒、頑固或厭世的人，或是這樣說我，那真是對我莫大的誤解。你們不知道，我之所以留給你們這樣印象的隱情……。當你們看到我顯得退縮，請原諒我吧，我其實很樂意與你們一起快樂相處……我必須過著離群索居的生活，假

如我稍微靠近他人一點，一股強烈的恐懼感就會揪住我的心，深怕自己的狀況會被人發現……。當我身旁的人聽見遠處傳來的笛聲，而我聽不見，或是當我身旁的人聽見牧羊人的歌聲，而我什麼也聽不到，這對我是多大的羞辱啊！這種事幾乎讓我絕望；要是再多一點，我恐怕就會結束自己的生命。

說到改變，一種浪漫的說法是，我們發現自己的身體、心理狀態或環境條件發生了變化，於是意識到自己需要改變。我們會正視這個挑戰。我們會冒險，做出改變，然後得到改變後的益處。

可惜的是，上述描述通常是例外，而非常態。根深蒂固的模式和行為，使我們難以改變自己。我們知道自己應該改變，但往往非得要拖到逼不得已的時候，我們才會採取行動。我們來到了人生的谷底，或是痛苦得再也無法忍受，這時才被迫重新檢視自己在這個世界如何過活。

根據我的經驗，促使我們做出改變的動力，通常是痛苦。貝多芬也是如此。

《海利根施塔特遺書》是貝多芬人生的谷底，但它也標誌著貝多芬對於社會認可和接納看法的根本性改變，同時打開了貝多芬的創意水閘，促成人類歷史上最偉大的創造力大爆發。貝多芬將絕望之情全盤托出之後，他終於能接納自己的耳聾，並決意不計一切代價，要將自己的藝術天分發揮得淋漓盡致：「若不是音樂攔住了我，我一定早就結束自己的生命。啊，若不把上天召喚我去創作的一切做出來，我無法離開這個世界⋯⋯。他們說，我現在必須以耐心做為嚮導，我確實也這麼做了。」

貝多芬決定揭露自己最深的恐懼，而這個舉動使他脫離了FOPO的魔爪，得到自由。「當獨自面對邪惡時，邪惡會顯得神祕且巨大無比，」他寫道。「但在與他人討論後，邪惡似乎變得較能忍受，因為我們會開始對自己懼怕的事物瞭若指掌，覺得自己好像戰勝它了。」[12] 承認自己的聽力問題非但沒有毀掉貝多芬的人生，反而以超出他想像的方式，讓他得到了釋放。他不再試圖控制他人對他的看法，重新獲得了人生的掌控權。

專精之路

當貝多芬不再擔心別人對他的看法時,他就不再為外在世界表演,而是能發自內心地演奏。當他擁抱邁向專精的第一原理,他就切換到專精之路了。

專精是將內在引導的生命向外表達出來。前方沒有終點線,而是一場與體驗、坦誠、真相,以及持續探索的戀愛。若不做出最根本的承諾,從內而外展現自己的能力,便無法踏上專精之路。

光靠卓越的技能並不足以使我們走上專精之路。假如你的創作並非源自你的本質,那麼你只是個傑出的表演者,而非大師。假如你習慣先測試外界的水溫,然後才取用內心的熱情,則你將永遠無法釋放你的潛能。

專精與否並非比較而來。假如把寫《海利根施塔特遺書》之前的貝多芬,拿來與之前的偉大作曲家相提並論,大家可能會一致認為,貝多芬是個大師級的作曲家。但將貝多芬的專精程度拿來與巴哈或莫扎特的專精程度進行比較,是沒有意義的。

有關專精的衡量基準，指的是我們每個人能夠達到的極限——唯有當我們擁抱專精的第一原理，才會知道自己的能力到哪裡。

愈看重掌控外之事，就愈失去掌控

貝多芬不再內耗，他不再把精力用來影響他無法完全掌控的事物，而是將所有精力投注在他掌控之中的事物。

他放棄職業鋼琴演奏家之路，轉而專心作曲。當貝多芬放下他認為自己應該成為的樣子，他才真正成為他本應成為的自己。他創造出一個讓人大開「耳」界的音樂世界。

失聰的貝多芬在生命的尾聲，寫出了他的最後一部交響曲，這是人類音樂史上最高成就之一。1824年5月7日，貝多芬在維也納克恩頓門劇院（Karntnertor）「指揮」了第九號交響曲的首演，這是十多年來貝多芬首次公開亮相。由於貝多芬已經失聰，樂團聽從的是真正的指揮家邁克爾‧烏姆勞夫（Michael Umlauf）的指揮。不過，由於貝多芬急切地想向樂手展現他要表達的風格和活力，忍不住用充滿激情的動

作來指揮對他來說無聲的演出。[13]演奏結束時，貝多芬還面對著交響樂團，因為他聽不見背後觀眾的掌聲。最後是女低音輕拍他，帶他轉身過來，他才看見觀眾的熱情鼓掌，以及在空中飛舞的無數手帕和帽子。

我們往往想要掌控他人的意見及對我們的看法，但諷刺的是，當我們順從想得到他人認可的渴望，我們就放棄了自己人生的掌控權。道家思想與《道德經》的原創者老子曾說，「如果你總是在意別人的看法，那麼你將永遠是他們的囚徒。」

從理念到行動

——✧——

讓我們來做個練習,以得知什麼是我們確實能掌控的事物。你可以在腦海裡想像,或是用紙筆寫下來(請參考圖1-1)。

先畫一個大圓圈,然後在裡面畫一個小圓圈,像是一個甜甜圈。在大圓圈裡,列出在你的人生中很重要、但你無法百分之百掌控的事物。首先是他人的意見,因為很顯然我們並無法掌控他人的意見。然後加入其他的事物,像是天氣、你支持的運動隊伍、你的主管、市場景氣、職場環境等,這份清單很長。

在小圓圈裡,請列出你百分之百可以掌控的事物,像是你到公司上班的時間、你與孩子的溝通方式、你在球場上的表現等。

那麼列出上述事物後,你有能力百分之百掌控的是什麼?哪些是你無法掌控的?

圖 1-1　在你掌控之中及之外的事物

無法百分之百掌控的事物

別人的意見

過去經歷

切爾西隊對上曼城
隊的比賽結果

交通情況

三歲孩童

**百分之百
可以掌控的事物**
你的想法
你說的話
你的行動
你的態度

天氣

未來

貓

半夜啟動的
煙霧偵測器

父母初次見到你伴
侶的父母時會說出
什麼話

別人的感受

別人的行動

別人的幸福

第一部

為什麼會有他人意見恐懼

2
什麼是
他人意見恐懼FOPO

「歸根究柢，意見是由感覺決定，
而不是由頭腦決定。」

――赫伯特・史賓賽（Herbert Spencer，英國哲學家）

我曾與魔比（Moby）這位有獨特見識的音樂藝術家交談過，他的成就曾獲得葛萊美獎（Grammy Award）的肯定。他告訴我，外在的肯定會令人沉迷其中，無法自拔：

剛出道時，當我看到自己登上雜誌封面，我心想，「哦，老天，這是肯定，這是愛，大家都認識我，那代表我的人生是有意義的。他們關心我，對我很好。我擁有許多未曾謀面的朋友。」於是，在

接下來的十五年裡，我極度在意別人怎麼說我，因為那些話讓我有一瞬間覺得自己很棒。這種說法好像在形容酒癮或毒癮。就像一開始，「它會有多棒？⋯⋯它解決了我所有的問題」。但經過一段時間之後，你漸漸發現它正在摧毀你。[1]

魔比是個有哲學家靈魂的音樂人，時光的流逝使他清楚看到他人意見產生的作用力。魔比於是不再對外在世界做出反應，而是開始做出改變：

> 我成為公眾人物有很長一段時間了。現在，我不再留意別人可能會給我貼上什麼標籤。我不再去看社群媒體的留言。我不再去讀人們的評論。我很久以前就不再看我受訪的影片了，因為我終於意識到，這其實很不合邏輯。我希望這些話可以幫到你：想想看，我們竟然把我們的自我感知意識（以及我們的情緒狀態）交給一堆陌生人，一群我們從來沒見過的人，而且可能是國外的網軍，這是多麼奇怪。

我前一陣子意識到,假如我讓自己經常因為陌生人的意見受傷、受煎熬,我將無法保持理性與冷靜。

魔比不再理會陌生人的意見。「我沒辦法把它當真,因為那些網友回應的對象不是一個活生生的人,而是一張照片,或是某個圖像、概念。」

因為魔比意識到,在任何特定的刺激與回應之間,都存在一個空間或縫隙。[2] 身為人類的一大特權是,在這個空間裡,我們有自由和權力可以選擇如何回應外來的刺激。我們或許無法掌控生活中發生的事件,但我們能掌控我們對那些事的反應與態度。當我們有意識地選擇自己的回應方式,就可以不再被不假思索的模式、習慣與被制約的行為牽著走。

一開始,魔比覺得他的經驗「只適用於公眾人物」,像是職業運動員、演員、音樂人或政治人物,但現在,任何一個有手機和社群媒體帳號的人,也包含在內。魔比說,「每個人都是公眾人物。在我家附近超市工作的收銀員,也是一個公眾人物,因為他有 IG 帳號。他或許只有二十位粉絲,但他也算是公眾人物。」

透過大眾的意見來判定自己好不好，或是衡量自己的社會價值，在數位時代已經成為愈來愈普遍的現象，但群眾的意見可能是個非常危險的標準。

自尊是衡量看法的量尺

想要與人建立並維持關係，是人的天性。社交性這個特質存在於每個文化，也是定義何謂人類的一項特質。從演化的觀點來看，人類一直生活在群體之中，以便躲避掠食者的攻擊並獲得資源。但我們的社交天性不僅受到實際的生存需求驅動，人類天生就渴望與他人產生連結，並得到歸屬感，因為這兩者對我們的精神與心理健康至關重要。感受到來自他人的愛、接納與重視，乃是人類的基本需求，因此，我們經常尋求能激發這些感覺的人際關係。

人類的生存與繁衍主要依賴社交關係來實現，因此，我們需要有能力評估自己能否以及如何融入社會。

杜克大學心理學家暨神經學家馬克・利瑞（Mark Leary）可能已經發現那個機制。利瑞在做關於「拒絕」的研究時，

發現當人們感到自己被接納，他們的自尊會上升；而被人拒絕時，自尊會暴跌。但利瑞認為這樣的結果很不合理，因為自尊普遍被認為是個人對自己整體幸福感的一種自我評價。理論上，我們的自尊應該與他人對待我們的方式無關。

利瑞深入挖掘，想了解人類為何天生會有這種反應。我們的自尊為何對於被接納或被拒絕如此敏感？利瑞進行了數十年的研究，顛覆了一般人對於自尊的看法。利瑞認為，自尊不會反映我們對自己的看法，而是「不斷提供反饋告訴我們，我們在他人眼中的地位是什麼」。[3]利瑞假定，自尊是一種內在量尺或量表，可以讓我們即時知道別人是如何看待我們的。

從演化的觀點來看，我們的自尊經過演化，逐漸演變成一種監測我們人際關係品質的機制。這個系統監控他人對我們所做行為的反應，當我們被他人接納的程度出現變化，它就會傳送警訊提醒我們。這個監測系統一般是在無意識的層面運作，不過，在我們的關係性價值（relational value）開始下降，或是變得很低時，警報就會響起。此時，我們的社交連結受到威脅這件事，就會被推到意識層面，於是我們開始

評估情況：我是否被接納？還是被排斥了？我需要調整行為來改善我與他人的關係嗎？

當我們的生存極度仰賴人際關係，我們的大腦和身體形成強大的網路，幫助我們把大量的內在資源用來維護人際關係，就成了很合理的事。此外，我們發展出一種特殊機制，以盡量減少我們被人拒絕的機率，並提高我們被人接納的機率，也是很合理的事。這種持續性的監測是很正常的，也是人的天性。我們每個人都有一種人際關係處理能力，從環境中搜尋線索，來評估自己在社會結構裡的價值。

但FOPO的存在其實不太合理。

假如利瑞的社交量表是我們用來調整社交關係的健康指標，那麼FOPO就是這個量表適應不良的反面陰影。

我們允許他人決定我們的價值，而不是根據我們的自我感知來修正他人給我們的反饋。在FOPO的作用下，我們無意識地過度看重他人的意見。我們把自己在某段關係中的價值，交給對方決定，這是一件很危險的事。當我們允許他人決定我們的價值，我們會發現自己在生物學層面無時無刻為能否生存下去而憂慮。

FOPO的特點

FOPO是一種涉及激發心理、生理與身體反應的預期機制，使我們免於被拒絕，同時促進人際連結。它是一種先發制人的流程，目的是促進他人的接納，並避免被人拒絕。與「我最好根據某件事的真實反饋和我自己的觀點來調整方向」不同，FOPO試圖預測未來：「我最好在收到任何確認數據之前，先根據我想像中可能發生的情況來調整方向」。

FOPO的特徵還包括一種過度警覺的社交準備狀態，使我們隨時隨地都在探查與搜尋他人的認可。我們過度看重他人可能產生的想法，因此對自己被拒絕的潛在信號變得高度敏感。

FOPO使我們試圖解讀他人的想法，努力避免得到他人的負面評價，結果導致我們精疲力竭。問題不在於他人真正給了我們哪些負面意見，而在於我們對於那些意見的畏懼。我們不斷解讀環境中的各種線索，試圖預先阻止負面意見的產生。我們觀察他人的肢體語言、微表情、話語、沉默、採取的行動與沒有採取的行動。

FOPO與他人有關，但它是一種內在的經歷。它是某個人內在的想法、感覺或感知（內在依賴，intradependent），但這個經歷來自某個人對於「他人對自己的看法」的關切，或是他人對自己的行動或選擇的觀感（相互依賴，interdependent）。

　　FOPO是一種隱形的決策過濾器，它會告訴我們該如何思考、說話與行動。它會導致人們選擇他們認為比較能被社會接受，或是比較不會被人批評的決定或行動，而不是根據自己的個人價值觀或喜好來做選擇。

　　FOPO是一種非臨床性模式，可使我們避開他人的負面意見。FOPO雖然沒有達到臨床診斷的標準，但它能帶來極大的痛苦。

　　就像在電腦背景裡悄悄運作的應用程式，消耗記憶體、運算能力和電池壽命，最後導致電腦效能變差一樣，FOPO也會大量耗損我們的內在資源。我們會控制自己所說的話、管理他人的觀感、壓抑自己的意見、卑躬屈膝、附和他人以免被人討厭、費盡心思討好他人、用自嘲來貶低自己的長處和正面特質、扭曲自己以順從他人、對自己的缺點矯枉過

正、尋求他人的肯定、心跳加快、肌肉緊繃、緊張焦慮：FOPO 耗盡了我們的系統資源。

FOPO 迴圈

想像一下你正在與老闆進行一對一會議，或是正在向重要的客戶進行提案，或是與某個對象第一次約會的情景。假如此時很嚴重的 FOPO 找上你（我們都有過這樣的經驗），你可能無法專心聆聽或進入當下的對話。

為什麼？因為 FOPO 會激發一連串心理和行為的迴圈，包括人際互動發生前（預期）、發生期間（探查），以及發生後（回應）的狀況（請參考圖 2-1）。

預期階段

在預期階段，被 FOPO 影響的人會滿腦子假想各種情節，以評估自己被他人接納或拒絕的可能性。他們經常自問「假如……他們會接納我嗎？」或是「假如……他們會怎麼看我？」人們運用自己的想像力，來思考他人會不會接納自

圖 2-1

FOPO 的三個階段

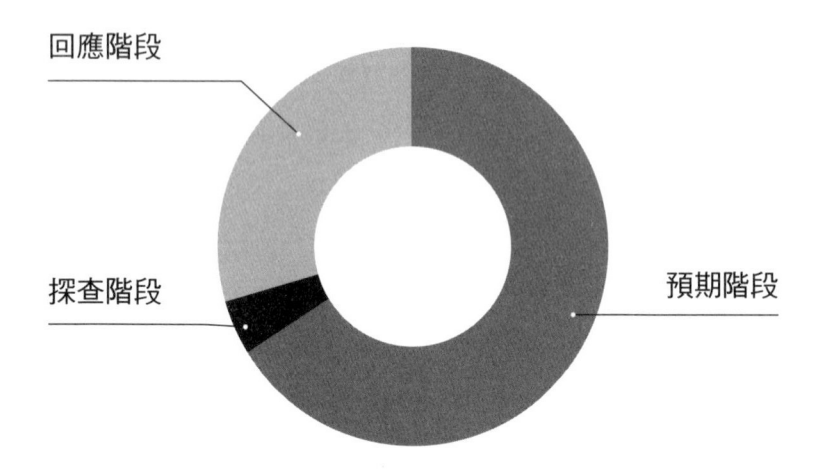

回應階段

探查階段

預期階段

▲ FOPO 會激發一連串心理與行為的迴圈，包括在事件發生前、發生期間，以及發生後的狀況。

己。他們比較不會留意自己實際上的經歷，而是不斷設想他人可能對自己產生什麼看法。在這種互動下，他們試圖解決的問題是認可或拒絕，而不是雙方當下的社交體驗。

我們想被他人看重與接納，是很自然的事（主管的認可對我們的職涯發展影響很大），然而，不斷想著他人對我們的看法，可能會阻礙我們與對方進行有意義的互動，使我們對新點子的興奮感、好奇與開放心態因而消失殆盡。

在商業會議中，我們可能過於關注自己是否被接受或拒絕，以致無法充分考慮正在討論的點子的潛在益處與缺點，以及那些點子是否與團隊的整體任務相符。

在戀愛關係中，我們可能因為太想知道對方是否會接納或拒絕我們，以致忘了徹底享受我們與對方相處的過程，以及彼此產生的情感連結。

了解與看重他人的意見是社會智商（social intelligence）很重要的一部分，但是當他人對我們的看法成了我們產生想法與行動的主要驅動力，這就成了一個問題。

我們的想像力並非運用在創造性、具生產力或是可實現自我的事物上，而是用在我們無法掌控的事情上。

我們在FOPO預期階段耗費的注意力非常驚人。若想要在生活中取得成就，我們需要努力關注當下。

FOPO導致的反覆思考會消耗我們成長與進步所需的內在資源，使我們無法持續專注在手上的任務、妨礙吸收新資訊和想法，以及耗損精力，導致我們必須補充更多能量才能復原。

探查階段

在探查階段（亦即與他人的實際互動過程），我們會不斷搜尋自己是否被他人接納或拒絕的外在線索，包括微表情、語氣、肢體語言與非語言線索。這種持續性的監測會令人精疲力盡，並阻礙我們完全投入當下的互動，以及享受這個經驗。

微表情是短暫、不自覺的臉部表情，它會透露某個人對我們有什麼感覺，最常出現在眼睛、嘴角與額頭。像是皺鼻與噘嘴代表厭惡或輕蔑的情緒，而淡淡的微笑則傳達出接納的信號。

語氣可提供與關係有關的線索。例如，單調、無高低起

伏的語氣，可能代表說話者對此不感興趣，而生動活潑的語氣，則可能暗示一股熱情與想要參與的渴望。柔和、平靜的語氣可能是同理與同情的信號，而刺耳或批評的語氣可能在告訴我們，對方對我們有所不滿。音量、語速與語調高低變化，也能幫助我們了解對方對我們的感覺與態度為何。

我們可以透過肢體語言，了解對方沒有說出口的想法。直視對方的眼睛可能代表感興趣或投入，而眼神閃避則可能是不自在或不感興趣的徵兆。開放的姿勢（雙臂與雙腿沒有交錯）暗示友善與開放的態度，交錯的雙臂與雙腿則暗示防衛。點頭代表同意，而身體向後傾則暗示不感興趣。

最後一點，我們能從對方的用字遣詞得到線索，以得知我們在對方心目中的地位。類似「我們」這樣的包容性用語，意味接納或屬於某個團隊的一部分，而「他們」則可能暗示排斥。叫你的名字代表你被看見且被認可，叫錯你的名字則可能代表你不受重視。

就和預期階段一樣，在探查階段搜尋線索也會耗費大量注意力。假如你過度留意某人的微表情、聲音、肢體語言與用字遣詞，想從中尋找線索來了解對方對你的看法，你很可

能會錯失你們互動中很重要的某些部分,並降低你與對方進一步連結的可能性。以不健康的方式尋找提示與線索,也會妨礙你貢獻全部的知識、技能與想法,並限縮你有效溝通的能力。這就像是你在高速公路上,開車經過事故現場時東張西望一樣。

沒錯,你可以在開車的同時,一邊觀看事故現場,但嚴格來說,你無法一心二用。你不是觀看事故現場,就是看著前方的路。注意力是一種零和遊戲。當你探查周邊情況,你便沒有把注意力放在實際的體驗上。

我們解讀這些線索的方式並不精密。充其量,它是建立在心情、童年經驗、未受過訓練的心智架構、認知偏誤與文化差異之上。而且,正如稍後所見,我們解讀這些線索的能力並不是很好。我們常常會解讀錯誤。

因此,我們一開始就浪費許多時間和資源在我們不太擅長的事情上。

回應階段

最後一個階段是我們接收感知到的線索的反應。我和別

人相處得融洽嗎？我覺得自己被接納了嗎？假如答案是肯定的，那麼FOPO迴圈就會中止，直到新的刺激出現。你可以暫時鬆一口氣。但假如答案是否定的，或「我不確定」，那麼受FOPO影響的人會以五種方式回應。

你會**扭曲**（contort）自己以便融入群體。你會為了得到他人的認可而隱藏你真正的意見。你扭曲自己，呈現出一個眾人可以接納的自己，但你只是在表演。你的回應並不代表真實的你。扭曲自己可以讓你暫時放鬆，但會讓你覺得自己無法與他人脫節。由於你沒有呈現真實的自己，所以你永遠不會感到被了解與接納，或是與他人產生連結，你也無法成為團體中被信任的一員。當你裝成另一個人，你會一直覺得自己需要維持那個虛假的形象。這會使你的不安全感以及害怕被揭穿假面具的擔憂，變得更加強烈。

第二個常見的回應是，**順從**（conform）你覺察到的社會規範。我們會採取與其他個人和團體以及社會一致的行為和態度。這或許能帶來歸屬感與被接納的感覺，但它同時會限制我們獨立思考與行動的能力。我們會避免表達相反的意見。我們會假裝喜歡或不喜歡某部電影、某首歌，或是某項

活動，以便與某個人或團體的主流看法一致。即使不贊同某個行動或決定，我們仍然會遵行。我們假裝與別人有相同的信念或政治觀點。然而，順從社會規範可能會導致焦慮、憂鬱，以及其他心理健康議題。

第三個回應是**對抗**（confront）。我們可能會引發衝突，看看別人如何反應，以便得知自己是被某個人或某個團體接納或拒絕。如果我們引起眾人的關注，我們可能會把這個現象解讀為別人非常看重我們。如果我們遭到他人批評，我們可能會開始攻擊對方。對抗也可能以隱晦的方式進行。例如，當某人發現自己不是那麼受歡迎，他可能會拿這件事來自嘲，然後當其他人給予正面反應時，他就會說自己只是在開玩笑。這是對抗「害怕被拒絕的恐懼」的一種方法，同時也避免自己因為表達「想被接納的真實渴望」而受傷害。

我們還會用另一種方法來處理被人拒絕的可能性，那就是**切斷關係**。我們可能會選擇結束某段戀情、與朋友或家人斷絕關係，或是離職，而不是維持在「不知道自己是否真正被拒絕」的混沌不明狀態。

最後一個是最健康的回應方法，那就是**轉向自己的內**

心，根據我們的內在標準做出回應。

在這個情況中，我們把FOPO當成線索，然後投入更多心力在自我發現和培養心理能力，甚至找一本探討FOPO的書來讀。每當FOPO的警鈴響起，你的目標是更加專注思考你想成為什麼樣的人，而不是你認為別人希望你成為什麼樣的人。

FOPO的路徑

當你多花一點心思覺察，可能會發現某些事會加速FOPO的產生。雖然每個人的情況不盡相同，但我發現以下兩種常見的路徑（請參考圖2-2）。

「自我感知不佳」是最常陷入FOPO的路徑。當我們對於自己是誰欠缺清楚、穩定且正向的了解，則往往會透過別人的意見來決定我們對自己的感覺。

我們假定別人比我們更能看清自己，因此，我們更願意相信別人的意見。我們倚賴別人提供的信號，以得知自己是得到認可或被拒絕。

建立在表現上（performance-based）的身分認同，也是快速通往FOPO的路徑，在第四章會再詳述。而在這指的是，我們的身分認同由自身的表現來定義。我們透過與他人的比較來定義自己表現的優劣。我們不斷向外尋找自我定義，在這個過程中，我們學會更看重來自外界的意見，而不是我們內在的意見。

圖 2-2

通往 FOPO 的路徑

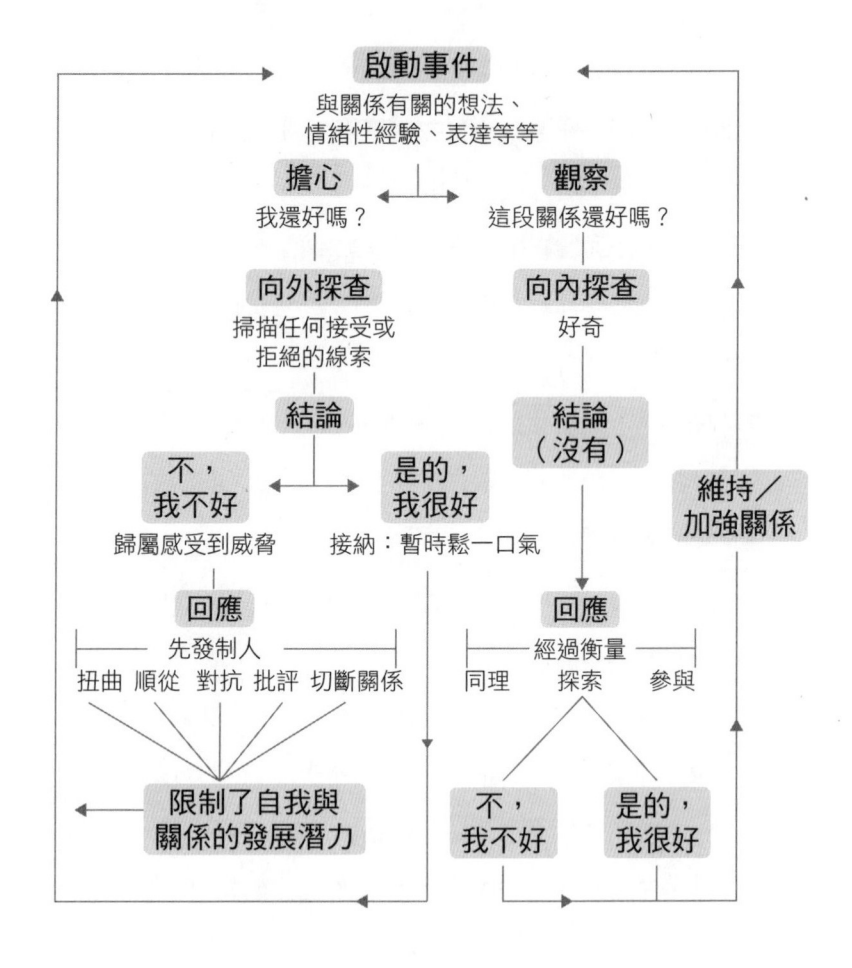

啟動事件
與關係有關的想法、情緒性經驗、表達等等

- **擔心**：我還好嗎？
- **觀察**：這段關係還好嗎？

- **向外探查**：掃描任何接受或拒絕的線索
- **向內探查**：好奇

結論

- 不，我不好 — 歸屬感受到威脅
- 是的，我很好 — 接納：暫時鬆一口氣

結論（沒有）

回應

- 先發制人：扭曲　順從　對抗　批評　切斷關係
- 經過衡量：同理　探索　參與

限制了自我與關係的發展潛力

- 不，我不好
- 是的，我很好

維持／加強關係

2 —— 什麼是他人意見恐懼FOPO　59

從想法到行動

——☆——

若你想深入了解你與FOPO迴圈三階段的關係,你可以刻意創造一個令你渾身不自在的情境,然後觀察你在每個階段的反應。以下是一個簡單的例子。

首先,從你的衣櫥刻意挑選搭配不協調或明顯過時的衣物。你要挑那些你真心覺得不適合你、令你感到不自在和覺得過氣的組合。

接下來,用那身打扮去參加某些社交活動,來放大你的不適。像是上班、參加聚會,甚至是獨自一人的活動(比如到客滿的餐廳獨自用餐)。

這個練習從你穿衣打扮的時候開始。你要留意內心的活動,並覺察你預期接下來會發生什麼事。留意有哪些想法浮現你的腦海。你會不會提出理由說服自己,你其實不該做這個練習?抑或是,你對這個經驗感到好奇,很想知道當你遇到別人時會發生什麼事?留意你給自己的評語。以不帶評斷的態度,持續關注你的內心世界,直到你抵達目的地。

當你抵達目的地，請探索你的「探查」過程，覺察你如何評估自己的感受（如果你確實在探查的話）。除了專心參與這個社交活動之外，也要留意你的所有內心活動。

這個實驗的第三階段是，更加敏銳地覺察你的反應傾向。你會不會想要做一些特別的舉動以尋求接納，像是用力微笑或過度迎合他人？當別人似乎不大接納你或不太想與你互動，你會不會變得焦躁不安？還是說，你覺得怡然自得？

把握機會、盡情從這個練習中得到樂趣。以一種好玩和探索的心態來進行這個實驗。然後你會得到關於你自己以及你與FOPO關係的寶貴洞察。

3
自我保護的本能

「勇氣不是沒有恐懼,而是戰勝恐懼。勇敢的人不是不會感到害怕的人,而是克服那恐懼的人。」

—納爾遜・曼德拉(Nelson Mandela,南非國父)

在一場技能競賽中,你認為以下誰感受到的壓力最大?職業高爾夫選手(PGA巡迴賽明星里奇・福勒〔Rickie Fowler〕)、高爾夫俱樂部職業球員,還是只有在週末與好友一起打高爾夫球的業餘玩家?

我在擔任「紅牛傑出表現」計畫(Red Bull High Performance)顧問時,曾試著回答這個問題。我和神經科學家萊斯利・薛林(Leslie Sherlin)博士一同設計了一個三階段壓力測試,並測量每位高爾夫球員在每個階段的大腦神經

電活動和心率。我們觀察他們的生理數據,並提出一些問題,以進一步了解他們在進行測試時所使用的內在心理策略。在前兩個階段,每位受試者都以為自己是這項研究的唯一參與者。

第一階段是低壓力測試:我們在果嶺周圍放了十八顆高爾夫球,與果嶺旗相距30公分到4.5公尺不等的距離,讓每位高爾夫球員把球推進洞裡。在每位高爾夫球員單獨推杆時,現場只有我一個人在旁。所有高爾夫球員都出現略微上升的心率和增強的腦部活動。[1]

毫無意外的,職業高爾夫選手福勒進了最多球,他在十八球中進了十五球。當我問福勒他覺得自己表現得如何,他回答說:「我打了十七個好球。」這個答案讓我有點意外,於是我說:「但只有十五球進洞。」福勒毫不猶豫地說:「沒錯,但我對高爾夫球的看法是,我專注在我能掌控的部分,而不是結果。我全神貫注打了十七個球,所以我覺得自己在十八球當中,打了十七次好球。」他的說明讓我們更能理解他的思維。

在第二階段,我們稍微增強壓力,將兩台大型攝影機推

到果嶺邊緣,並在離高爾夫球員僅僅幾公尺之遙放置手持攝影機。我們沒有解釋這些攝影機的用途,或是誰會看到這些影片。

福勒的心率和腦部活動一開始呈現激增趨勢,但他很快就調適自己適應這個變化,於是監測數值回歸正常,他進球的情況和第一階段差不多。而週末業餘玩家的監測數值顯示了他受到刺激,他在第二階段的表現比第一階段略差一點。這位業餘玩家表示,這次經歷「好玩」且「令人興奮」,並說他「感覺自己就像是巡迴賽職業選手」。他對自己的表現沒有任何負面評語。

當地高爾夫俱樂部職業球員的情況則和前兩者大不相同。由於不習慣在攝影機前打球,他的心率飆高,而且從頭到尾保持在高位。他在第二階段的表現成績大幅下降。「我剛才打得糟透了⋯⋯。真希望你能讓我預先知道你會錄影⋯⋯。我讓自己出醜了⋯⋯。我是專業人士,我的表現應該要更好一點的。」

在最後一個階段,我們讓所有的高爾夫球員互相見面。除了使用攝影機,我們還加入兩個壓力因子。我們請觀眾進

場觀看，並且進行一場為當地慈善組織募款的比賽。

最後的結果幾乎和前兩個階段相同。這位PGA巡迴賽選手運用他的心理素質，讓心率降回平常水準，排除外在與內在的雜音，並且能調節情緒與生理反應。週末業餘玩家將這個比賽視為有趣的體驗、樂在其中，並且以好奇的態度參與。他對結果沒有得失心。至於高爾夫俱樂部職業球員，他的表現失常，成績很糟。

為何會如此？他比其他人為這次經歷注入更多的意義。當他過度認同自己的「專家」身分，他的身分認同就受到威脅。**攝影機、觀眾，以及巡迴賽選手這個更厲害的專家**，將他對他人意見的恐懼放大了好幾倍：別人會認為他的球技很爛，是個冒牌貨，別人對他的看法與他對自己的人設出現了落差。由於他沒有覺察到自己的想法觸發體內產生大量化學物質，促使他進入「戰鬥、逃跑或是僵住」的狀態，於是他無法調節自己的狀況。

他被迫進入求生模式。在天氣晴朗、氣溫宜人的佛羅里達州霍布桑德（Hobe Sound）的高爾夫球場上。

烙印在大腦的威脅偵測系統

要了解我們對他人意見的畏懼，我們需要透過一個架構來了解恐懼是什麼。

恐懼是人類經過演化而形成的適應性反應，目的是保護自己的安全。恐懼的原始功能是做為危險或威脅的信號，並觸發適當的適應性反應。

在遠古時代，有能力快速辨識與評估威脅的人，才能存活下來。狩獵採集時代的人類祖先必須以智慧勝過野獸、防衛外來侵略，並與部落保持聯繫。這一切對他們的生存至關重要。對於不對勁的事物產生高度警戒並隨時做好準備，使我們的祖先存活了下來。採取保守安全的做法不會帶來惡果，但誤判情勢可能會讓他們付出很大的代價。假如他們以為樹林裡有老虎，並立刻逃跑，結果發現只是一隻無害的動物，他們頂多只是浪費了一點時間。但假如他們沒有注意到環境的提示，可能會因此喪命。

同樣的原則也適用於社交情境。迎合群體的需求是絕對不會出錯的，但假如你得罪別人並被逐出群體，那可能相當

於被判死刑。在「孤獨、貧困、骯髒、野蠻且短暫的」的自然狀態下，人無法靠自己存活。[2]

經過物競天擇的淘汰下，人類大腦發展出迴路，使我們的早期祖先對威脅極度敏感，並因此為他們帶來生存上的競爭優勢。數百萬年來，這個威脅偵測系統深深刻印在人類祖先的大腦裡。

本能反應不只膝反射

恐懼這種情緒包含了生理與認知的成分。

威脅引發的本能反應，是身體為了回應眼前的威脅，所做出的一連串不由自主的行動（在我們不假思索的情況下）。當我們覺察到威脅時，大腦的壓力反應會被啟動，引發一連串可預測的神經和生理活動。

當我們心生恐懼，必然會產生下列壓力本能反應。當我們覺得某個重大事件發生時，杏仁核（大腦兩側的杏仁狀結構）會傳送警告信號到下視丘，於是下視丘會啟動交感神經系統，釋出腎上腺素，使我們的心跳加快、血液循環更快，

並促使肝臟釋出大量葡萄糖。[3] 消化系統的血管收縮，血液被重新導向四肢的肌肉，使我們的四肢做好隨時防衛或逃跑的準備。[4] 我們的消化作用此時變得不重要了。當我們面臨威脅，就沒必要消化食物。我們的胃會覺察到血液和氧氣不足，從而產生一種胃好像糾結在一起的感覺。[5]

大腦發現我們的身體正在努力做出各種反應，於是啟動冷卻系統，使我們開始流汗。汗水會讓我們的皮膚變得更滑溜，難以被抓住。在血管收縮與心跳加速的同時，我們的呼吸會變得急促。當我們的身體反應過度，流向四肢的血流增加會使我們覺得雙腿和雙臂變得沉重。

當我們的身體無意識地準備要咬、攻擊或防衛時，我們的下顎會稍微緊繃。[6] 隨著我們把注意力聚焦在某些感官資訊，我們會降低對環境中無關緊要的噪音的覺察。肌肉變得緊繃會影響我們的小肌肉活動（像是手指的動作與聲帶的振動），以便把更多資源分配給大肌肉。[7] 這就是為什麼當我們感受到威脅時，會覺得唱歌、彈鋼琴、射箭與公開演講變得更困難了。

恐懼如何習得

　　了解恐懼的生物學原理與機制，有助於改變我們與恐懼的關係。

　　恐懼系統的存在是為了保護我們的安全。威脅引發的本能反應並非針對某個特定威脅，它是一種普遍性的反應。只要這個迴路被啟動，我們基本上會對任何事感到恐懼。

　　威脅引發的本能反應會在任何時刻被兩個因素啟動：過去的記憶或當下的經歷。這個系統會把過去經驗的記憶深植於我們腦中。哈佛醫學院精神病學教授、研究恐懼的世界級頂尖神經生物學博士凱利・雷斯勒（Kerry Ressler）曾說，這些記憶能夠保護我們，也可能對我們造成危害。[8]當記憶發揮保護的作用，可以使我們免於做出可能使我們受傷的錯誤選擇或行為。我們在未來會避開這些危險的情境。當你在夏威夷海邊游泳，假如你有一次游進了6公尺高的巨浪，然後立刻被救生員拉回岸邊，這個記憶可以使你不再讓自己落入同樣的處境。但其他的記憶可能對你造成危害，因為這些記憶會以對我們不利的方式限制我們的行為。

讓鈴聲響起

記憶透過古典制約（也稱作巴夫洛夫制約）深植在我們的恐懼系統裡。[9]諾貝爾獎得主伊凡·巴夫洛夫（Ivan Pavlov）是一位俄國科學家，他在研究狗的消化系統時意外發現，我們會透過連結來學習新事物。巴夫洛夫觀察到，一開始，狗只有在食物放在自己面前的時候，才會分泌唾液，但他注意到，狗的生理反應會隨著時間改變。牠們會在食物送到之前就開始分泌唾液。巴夫洛夫發現，狗分泌唾液是對伴隨食物出現的聲音（像是愈來愈接近的推車發出的聲音）做出反應。

為了測試自己的理論是否正確，巴夫洛夫設計了一個實驗，在鈴聲響起後不久，就把食物送上。一開始，狗對鈴聲沒有任何反應，但經過一段時間之後，狗兒開始在聽到鈴聲後分泌唾液。

套用古典制約的學術性說法，巴夫洛夫使用了一種「中性刺激」（鈴聲），狗一開始對這個刺激沒有任何反應。食物是引發自動化反應（分泌唾液）的「非制約刺激」。「制

約刺激」是一開始的中性刺激（鈴聲），它因為多次與食物連結，而能夠引發相同的反應。

古典制約這種透過連結形成的無意識、自動化學習，就是我們產生恐懼的機制。

以人類的情況來說，植入的正面與負面經驗之間，存在一種不對稱性。在遇到重大創傷事件時，人類不需要經歷多次制約與非制約刺激的配對，就會產生制約反應。

巴夫洛夫的狗在經歷多次食物與鈴聲的配對後才形成新的反應，但人類不同，人類有可能在經歷一次重大衝擊後就形成恐懼反應。無論是一篇令人難堪的網路貼文、七年級時在全校師生面前演講卻一句話也講不出來、發現人生伴侶劈腿、溺水差點死掉，或是在你把畢生積蓄投資在股市後卻遇到股價暴跌，不管是什麼事件觸發了你，都可能使你在當下產生強烈的恐懼感。只要經歷過一次，就能使恐懼永存在你的心中。[10]

這種不對稱性可能是演化導致的。[11]在人類歷史上，更能對威脅做出適當反應的人較能存活下來，並因此更有機會把基因遺傳給下一代。

當然，深植內心的恐懼也可能是經過長時間由多次經驗結合而成。例如，在學校總是被同儕排擠，或是長期受主管情緒霸凌。

恐懼系統存在的目的，是為了預測問題和危險，藉此保護我們的安全，這個系統是有學習能力的。恐懼的記憶往往會隨著時間變得更加一般化。[12]在學校長期被排擠，可能會演變成對親密關係的恐懼。職場的霸凌可能會演變成更廣泛地對權威的不信任態度。

神奇小藥丸並不存在

吃一顆神奇小藥丸就能使我們的恐懼消失，這個想法非常誘人，但這種藥丸並不存在。實情是，現行的治療處方沒有一樣是建立在恐懼的神經學原理，像是治療憂鬱症的選擇性血清素回收抑制劑（SSRI）、百憂解（Prozac）與樂復得（Zoloft），或是降血壓的乙型腎上腺素阻斷劑（beta-blockers）。這些藥物或許可以減輕恐懼的症狀，但並未觸及恐懼系統的機制。

有不少心理治療方法常被用來處理適應不良的恐懼反應，其中，認知行為療法（cognitive behavioral therapy, CBT）和接納與承諾療法（acceptance and commitment therapy, ACT）是主流的做法。有一種認知行為療法對於治療嚴重恐懼有相當顯著的效果，那就是暴露療法（exposure therapy）。這種治療需要心理學家打造一個令人感到安心的環境，使患者在面對會觸發恐懼情緒的情境或物品時，變得比較不敏感，或是不再有任何恐懼反應。

　　身為一位運動心理學家，我曾與多位運動員一同處理這個議題。我曾合作的對象當中，有一位非常傑出的棒球投手，他曾得到賽揚獎（Cy Young Award），但大多數人不知道的是，他對於被別人批評與評斷有非常嚴重的焦慮。

　　我對這位棒球投手採用的是系統減敏感法，這種治療法幫助人們透過漸進式暴露在引發恐懼的刺激中，藉此面對他們的恐懼症。這個流程的第一步是了解個案如何體驗恐懼。我需要知道，對他來說，恐懼是什麼。他如何看待成功與失敗？棒球對他的身分認同有多重要？他的呼吸和心率是否會加快？他會覺得心神不寧嗎？他會不會消化不良？他會不會

難以入睡？他是否覺得身體緊繃？還是說破壞性或限制性思考模式對他的影響更大？他容易分心嗎？他會凡事往壞處想嗎？他會腦子不停繞著某個念頭打轉嗎？他會猶豫不決嗎？他健忘嗎？

這位棒球投手的狀況包含認知（心理）與身體（生理）症狀。他會想太多：過度思考自己的投球技巧，擔心會投出四壞球保送，連「午餐要吃什麼」這類小事都很難作決定。他的焦慮呈現在肌肉緊繃、過度出汗與心率偏高。對於一位以158公里的時速，把球投進18.44公尺之外的好球帶裡的投手來說，手汗過多、肌肉緊繃與心率較高都是不利因素。他的大腦分泌太多壓力荷爾蒙，干擾了他評估自身表現的能力，同時也降低他的整體生活品質。

我跟這位投手探討了我們為焦慮付出的代價。徹底了解焦慮對自己的人生造成的傷害有多大，這一點很重要。藉由談論這個代價，我可以知道，他想要透過訓練改變自己的決心有多大。他必須要有決心，因為這個訓練非常辛苦。

我告訴這位投手，「我能幫你設計訓練的結構，但你必須真的進行訓練。假如你願意這麼做，就能消除你的恐

懼。」我也鼓勵他:「你已經具備必要的心理能力,來改變你與棒球以及人生其他面向的關係。每次走向投手丘時,你不再需要在意別人對你的表現有什麼評價,你可以用好玩和自由的心態來投球。」

對恐懼不再敏感

他立刻燃起了希望,揚起眉毛,嘴角上揚。他深吸了一口氣,然後慢慢吐氣。「真的嗎?真的可以辦到嗎?這種恐懼感真的很糟。」

我露出微笑,對他點點頭。我請他告訴我,當他站上投手丘、覺得自己「狀況最好」的時候,是什麼感覺。

他談起了剛開始打職棒那個時期的經歷。「我還記得,我當時把棒球場想成一張畫布。你或許會覺得很奇怪,但上場比賽的過程具有某種藝術成分。當我跨過球場的白線,我覺得那是一個可以展現自我的地方。我對自己的能力有十足的信心。我的腦袋裡沒有任何雜音。我覺得我和隊友是一體的。是我的行動,而不是我說的話,使我成為球隊的隊長。在人生的那個階段,我很熱愛棒球。」

我突然離題。「你想生小孩嗎？」

「想。」他回答。

「很好，假設你有一個十四歲的兒子，他對你說他『正在經歷某些事』，他問你：『你有沒有經歷過自己感到不知所措，覺得自己無法度過難關？有一部分的你想要放棄，因為你不知道該怎麼辦，但另一部分的你知道，現在放棄還太早，因為還有好多未知的東西可以探索？』」

他點點頭。

「你能看見他向你求助的眼神嗎？」

「可以」，他回答我，眼眶開始泛淚。「我得到賽揚獎的那年，曾經產生強烈的焦慮感。我待在家裡的時候坐立難安，於是我開車到球員休息室，坐在球場的球員座席，在球場到處走。我站在棒球場的中央，全場有五萬名觀眾，而我一心只想躲起來。」

「關於你人生的這個時刻，你想對你兒子說什麼？這個問題沒有正確或錯誤的答案。這是你的人生，你的冒險，你的人生岔路口。」

他向後靠在椅背上，整理思緒，安靜探索所有的選項。

他直視我的眼睛並說:「我真的不知道自己能否辦到。我知道我想說什麼。我想說,『是啊,我做了內在的功課,我面對內心的恐懼,這輩子從此找到了自由。』但我真的不知道我是否相信自己辦得到。」

他陷入沉默。我們靜靜地坐在那裡。

最後,他開口說,「好,我決定加入。我別無選擇。我非做不可。」

達成共識之後,我們開始建立一個恐懼觸發因子排行榜,從最不可怕的一直列到最可怕的。我請他從一級到一百級,列出他感受到的各種恐懼。在一級的部分(最低程度的恐懼反應),他寫了「坐上車然後開車去練球」。進入更衣室並看到自己的名字列在比賽日的出場順序卡上,是七十五級。走進球場進行賽前暖身,是八十五級。從牛棚小跑步到投手丘,是九十級。在季後賽被大會廣播宣布為先發投手,是一百級。

然後我們討論一些可以幫助他克服恐懼的心理技巧。首先是解析心理與生理如何協同運作。我們談到他的身體為何會做出各種反應(為了保護自己與求生存)。在這次的整體

討論結束時，他已經能夠理解，自己的心智和身體是一同運作的。此外，在最基本的層面，他的那些反應都是正常的。與此同時，他意識到，在他所屬的職業領域，長期的恐懼反應是適應不良的結果。

接著，我們進入到更具體的心理技巧訓練，像是呼吸訓練、心像（mental imagery）、樂觀、自我對話，以及認知重構策略。這個訓練的核心是充分掌握在自己掌控之中的事物。因此，我們設計了一個計畫，聚焦在這些元素上。

我們想出了一個優化的自我對話流程，制訂了一套包含呼吸訓練的放鬆策略，幫助他降低交感神經系統的作用（為了對急性壓力源做出反應的「戰鬥、逃跑、或僵住」機制）。我們加強了他的心像技巧，使他想像的畫面盡可能逼真，目標是創造最真實的畫面，並盡可能同時運用五種感官。我們也打造了一系列活動，讓他能夠有意識地「對自己施壓」，以便訓練上述可掌控的技巧。

經過一週的心理技能練習之後，他已經準備好要展開系統減敏感法的訓練。在我們開始之前，他簽了一份類似「合約」的文件。

我理解也同意我即將有意識地面對我的恐懼之一。我了解這套方法是為了讓我體驗不同程度的恐懼，一次體驗一種程度的恐懼。我承諾會運用心理技巧來處理我的恐懼反應；我也承諾，當我出現恐懼反應時，絕對不會中斷這個訓練，無論這個訓練要花多少時間。我了解，這個訓練可能會加劇我的恐懼反應。我承諾我會處理每個階段的恐懼，直到我有能力用一種放鬆的狀態來取代恐懼反應。

這份合約要求他全心投入這個通過儀式（rite of passage），來獲得他努力尋求的自由。

我們達成共識，放鬆水準要練到二級才能開始下一個訓練（十級代表超級恐慌，一級代表放鬆到覺得無聊）。

然後，我們開始進行訓練。

我們打開他列出的恐懼觸發因子排行榜。他的胸前綁著心率監測器（我們需要客觀的數據），然後我問他：「準備好了嗎？」他露出微笑，深吸一口氣，接著說：「博士，我早就準備好要解決這件事了。」

我們坐直身體。他閉上眼睛，好像在告訴我，他準備好要拚了。

我帶領他體驗一級恐懼，請他想像坐上車、然後開車去棒球場練球的感覺。不到二十秒鐘，他的呼吸速率上升，心率也跟著上升。他的皮膚開始升溫。在他的腦海裡，他真正在感受開車去棒球場的感覺。

「從一級到十級，你的恐懼水準現在是幾級？」

他回答，「六級」。

「很好，現在開始運用你學到的心理技巧。當你放鬆到你覺得自己已經可以掌控這個程度的恐懼時，請跟我說一聲。保持呼吸，微笑，你做得很好。」

他做了幾次深呼吸。他的眼角和嘴角開始微微上揚。他已經上路了。

不久之後，他說：「我好了，我現在覺得很平靜。」

此時他的心率看起來很接近靜止時的心率。我以這個心率做為每個階段恐懼反應的「成功」基準線。

系統減敏感法的機制需要把最不令人害怕的刺激與放鬆技巧多次配對，直到恐懼反應消失。這個做法是根據「交互

抑制」(reciprocal inhibition）原理，它假定你無法同時感到焦慮和放鬆，適應不良反應被適應反應所取代，焦慮的制約效應被刻意引發的放鬆狀態抑制了。

接下來，我們再針對下一個恐懼反應進行訓練，以此類推。我們的目標是，逐步對造成恐懼的觸發物不再敏感。

當他透過想像、學會掌控每一級的恐懼（技術上稱為「體內訓練」〔vitro training〕），我們會制訂計畫，把相同的結構、技巧和條件應用在現實世界中（體外訓練，vivo training）。此時，他會直接接觸他害怕的情境，以透過親身體驗來降低恐懼和焦慮。體外訓練的目標是，讓人們以安全的方式，逐步面對他們害怕的事物，降低自身對引發恐懼的刺激的敏感度。這種暴露治療法可以幫助人們克服自己的恐懼，發展出應對機制，並在面對引發焦慮的情境時，重新獲得控制感與自信心。

與我合作的那位投手成功通過了現實世界的訓練。

一般來說，精英運動員非常擅於接納不舒服的狀態。他們明白，自己需要離開舒適圈，不斷學習且精進。他們在面對陌生或有挑戰性的情境時，通常能保持在自在的狀態。他

們願意冒險,並且傾向於尋求新奇的體驗。儘管感到極度恐懼,那位投手依然能把自己在運動訓練中培養的某些特質,應用在體外訓練的挑戰上。他知道,在這個架構下,假如他能忍耐練習中經歷的不舒服感覺(雖然很痛苦、很累人),他便能因此建立一個新的心智模式。而他也辦到了。直接暴露在刺激之下,使他對長久以來束縛著他的恐懼不再敏感。他消滅了心中的恐懼。

他驚訝得不敢置信。他正視自己的恐懼,勇敢迎戰,並改變了他與他熱愛的棒球比賽的關係。

幾天之後,他被安排在投手的先發陣容。當球場廣播宣布他的名字時,他從球員座席區走進球場,轉播鏡頭聚焦在他身上。從球員休息區走上投手丘這段路,原本是他最害怕的一段路,被他稱為「漫漫長路」,但此時的他以輕快的步伐跑上投手丘,臉上露出開心的笑容。他那自由與輕快的樣子,就像是十歲的孩子在小聯盟上場比賽一樣。他甚至向觀眾脫帽致意。

他掙脫了差點終結他投手生涯的社交焦慮。

從想法到行動

―― ✧ ――

　　數十年來，一直有人想衡量害怕被他人評斷的恐懼。隆納・弗林德（Ronald Friend）與大衛・華生（David Watson）在1969年開發出「負向評價恐懼量表」（Fear of Negative Evaluation Scale, FNE），這是一份包含三十道問題的自評問卷，旨在評估社交焦慮的水準。[13]

　　我們設計出一個評估工具，用來衡量我們對他人意見的恐懼程度。FOPO與社交焦慮不同，它是一種非臨床性障礙。我們的評估工具不是為了判斷你是否有社交焦慮，或是其他心理障礙。假如你覺得自己有社交焦慮症（social anxiety disorder, SAD）的症狀，而這些症狀正在影響你的日常生活，請向精神科醫師或心理健康方面的專業人員諮詢，以便了解你是否符合社交焦慮症的診斷標準。

　　假如你有興趣免費做FOPO評估，請至：www.findingmastery.com/thefirstrule。

4
被認同的渴望

「世界會問你,你是誰,假如你不知道答案,世界會告訴你。」

—卡爾・榮格(Carl Jung)

　　1997年NBA總決賽第一場比賽的第四節投籃倒數計時器顯示剩下9.2秒。

　　本球季最有價值球員卡爾・馬龍(Karl Malone)有兩次罰球機會。他所屬的猶他爵士(Utah Jazz)是西區冠軍,與麥可・喬丹(Michael Jordan)所屬的芝加哥公牛(Chicago Bulls)進行對決。公牛隊要爭取二連霸(這是他們七個賽季以來的第五次冠軍),同時創造NBA史上最偉大的王朝。

比數：八十二比八十二

這場比賽的輸贏掌握在馬龍手中。他十一次入選全明星隊，確定即將進入名人堂。他是罰球紀錄保持人，進球率為百分之七十四。假如這兩球罰球進了一球，爵士隊就會領先，讓喬丹魔法暫時中斷，贏得比賽，打破勢不可擋的公牛隊主場優勢。

這是所有球員從小就夢想的時刻。NBA總決賽，鎂光燈的焦點，熱情的觀眾，所有的練習、飛行旅程、犧牲和冰水浴，都是為了贏得冠軍。

芝加哥的觀眾非常激動。「當馬龍走向罰球線，球場裡呼喊防守的聲音震耳欲聾」，布萊德・洛克（Brad Rock）是《德瑟雷特新聞》（*Deseret News*）運動專欄作家，他回憶道，「那個聲音在我的腦海裡迴蕩了好幾天。」[1]球迷站起來喊叫，不斷揮舞著白色加油棒。馬龍是經驗豐富的老將，綽號是「郵差」，因為他使命必達，就像郵差一樣。

當馬龍準備要罰球時，公牛隊的大前鋒史考提・皮朋（Scottie Pippen，他生性沉默寡言，與愛向對手嗆垃圾話的喬

丹不同）走向防守位置，當他與馬龍（退休時將成為NBA史上得分第二高的球員）擦身而過時，他說：「嘿，卡爾，郵差週日不送信。」

這句雙關語用得很妙，既犀利又機智。

馬龍開始進行他的罰球儀式。他運了幾次球，低下頭，空中轉球兩次，蹲低身子，前後搖晃身體，嘴裡默念老婆和女兒的名字，然後投籃。

鏘噹。

沒進。

一罰失手，八十二比八十二

觀眾的情緒都沸騰了起來。馬龍走了幾步離開罰球線，努力讓自己冷靜下來。此時，他的臉上露出挫敗和失望的痛苦表情。

他走回罰球線。觀眾的喊叫聲依然震耳欲聾，蓋過了美國全國廣播公司（NBC）場邊播報員馬夫・艾伯特（Marv Albert）的聲音。馬龍再次進行他的罰球儀式。運球，轉球，蹲低，搖晃……投籃。

球在籃框繞了一圈又出來。

沒進。

兩罰皆空，八十二比八十二

沒人敢相信。馬龍這位偉大的NBA傳奇人物竟然兩次罰球都沒進。

這時氣勢突然換到另一邊。電視轉播的暫停時間結束之後，在比賽最後九秒鐘，喬丹接到邊線發球，觀察爵士隊小前鋒布萊恩・羅素（Bryon Russell）的位置，然後在比賽時間結束前投進了致勝的一球。

故事其餘的部分大家都知道了。公牛隊用接下來的五場比賽拿下了總決賽冠軍，而皮朋的那句垃圾話成了NBA傳說的一部分。

沒有人知道皮朋說的那句話是否為馬龍罰球失敗的原因。或許馬龍那時因為丹尼斯・羅德曼（Dennis Rodman）的糾纏而體力不濟；或許是因為壓力和觀眾喊叫聲的緣故。又或許是，這也是許多人的猜測，他在西區聯盟總決賽時手受的傷，影響了他的表現。也或許，他只是單純失去準頭。

我們無法判斷。我們永遠不會知道原因，因為馬龍遵從了騎士精神：絕對不找藉口。

NBA球迷對這個故事念念不忘的原因，是因為馬龍是精英運動員，正值職涯巔峰狀態，就像是面對一群「大衛」的「巨人歌利亞」（Goliath），而他竟然在籃球生涯最重要的舞台、壓力最鉅的關鍵時刻失常。這個故事非常戲劇性，而且令人震驚。更重要的是，這個體重113公斤的大塊頭球員，居然被幾個字打敗了。

「郵差週日不送信。」

我們大多數人的工作環境雖然不像NBA總決賽那般喧鬧、緊張、壓力大，但我們都曾被父母、老闆、老師、教練或同事刺穿我們的情緒盔甲，使我們變得毫無招架之力且極度脆弱，自己的世界也被攪得天翻地覆。

這使得我們不禁要問，我們為何如此容易受到別人針對性意見的影響？我們的情緒盔甲背後藏的是什麼？

什麼是身分認同？

如同我們在那位高爾夫俱樂部職業球員身上看到的，身分認同是FOPO最肥沃的發源地之一。我們的身分認同有可能使我們受到他人意見的攻擊（取決於我們的身分認同如何構成）。當我們把自己融入一種不真實的身分，或是一種太過狹隘而無法涵蓋我們全部自我的身分，又或是沒有能力學習與成長的身分時，我們可能會覺得他人的意見就像是一種危急存亡的攻擊。

假如我是使命必達的郵差，那麼當我沒有送信時，我是誰呢？

身分認同是我們對自我的主觀感覺，建立在我們的經驗、信念、價值觀、記憶和文化之上。它包含了許多不為他人所知的生理和心理特質。它通常源自我們與他人的關係或比較，提供我們一個架構，幫助我們進一步了解自己在複雜社交世界裡的位置。[2]

我們有一種天生的衝動，想利用與周遭世界的關係來定義自己，讓別人很容易就知道如何看待我們。我們會建構身

分認同,是因為身分認同能幫助我們進一步了解自己在複雜社交世界裡的位置,並減少主觀的不確定性。[3]當我們向下墜落時,身分認同給了我們一些可以抓住的東西。然而,假如我們並非真正了解自己,或是我們認為的那個身分認同乃是來自他人,那麼伴隨「這就是我」的確定性而來的,就會是沉重的代價。

身分認同的來源

身分認同來自我們的許多面向,包括種族、性別、性傾向、關係、家庭、工作、興趣、國籍、信念、宗教信仰與所屬團體等等,但無法被其中任何一個面向定義。身分認同也無法全然透過任何一個身分類別裡的某個角色來呈現,像是神父、執行長、母親、機師、作家、學生、運動員、創業家。這些是我們做的事,不代表我們的本質,雖然這些角色能透露一些關於我們的身分認同的事。

泰勒‧德頓(Tyler Durden)在電影《鬥陣俱樂部》(*Fight Club*)裡直白地說:「你的工作不代表你。你的銀行存款不

代表你。你開的車不代表你。你錢包裡裝的東西不代表你。你穿的那件該死的卡其褲不代表你。你就是你。」[4]

身分認同可能會隨著時間蛻變，這取決於我們透過經驗所了解的自己，以及我們如何將對自己的了解應用在生活中。在路易斯·卡洛爾（Lewis Carroll）的經典小說《愛麗絲夢遊仙境》（*Alice's Adventures in Wonderland*）中，愛麗絲掉進了兔子洞，進入一個擬人化的奇幻世界。在經過一連串的身體變形之後，她遇見一隻毛毛蟲，這隻毛毛蟲問她：「你是誰？」愛麗絲回答：「我……，我不太清楚現在的我是誰，至少今天早晨起床時我還知道我是誰，但我想，從早晨到現在，我一定改變了好幾回。」[5]

身分認同的核心概念是，儘管經歷了身體與內心的變化，但十年前的我、十天前的我和今天的我之間，存在著一種連貫性。[6]以喬治·馬里歐·伯格里奧（Jorge Mario Bergoglio）為例。他年輕時曾當過酒吧的保鏢、管理員，還在布宜諾斯艾利斯（Buenos Aires）的某個化學實驗室當兼差技工，負責管理原料。如今，他住在羅馬，帶領一個擁有十三億四千五百萬名追隨者的組織。他在2013年被天主教

會樞機團（College of Cardinals）選為教宗，之後被稱為方濟各（Pope Francis），他挑選這個名字是為了紀念亞西西的聖方濟各（St. Francis of Assisi）。

很顯然，伯格里奧已經改變了，他不再是幾十年前在阿根廷的那個小夥子了。是什麼使伯格里奧變成方濟各？是什麼把我們過去的自己、現在的自己與未來的自己串連起來？你之所以是「你」的基本屬性是什麼？

追溯到最根本的本質，身分認同指的是，人們如何回答「我是誰？」這個問題。

回到昔日的美好時光

在人類歷史早期，身分認同不是個議題。在很大程度上，當社會相對穩定時，人們會被指定並承擔某個身分認同。如果你住在一個少有異動的小村莊，你會知道每個人的過去。他們的身分認同有一部分會反映在他們的名字上。

自從諾曼人（the Norman）於1066年征服英格蘭之後，姓氏開始在英格蘭廣泛使用。隨著人口的增長，人們需要在

談論某人時有更明確的指稱,於是開始使用姓氏。根據理查二世(Richard II)的人頭稅名冊,在1381年,大多數英國家庭已開始採用可繼承的姓氏。[7]

有一群英國研究人員進行了一項為期六年的研究,追蹤了2011年英國人口普查資料中至少有一百個人共有的每個姓氏的起源。大多數的姓氏可以納入四個類別。

最普遍的姓氏(與地理位置有關)描述了這個人住的地方。姓「安德希爾」(Underhills,意指「山腳」)的人,通常住在山腳下。姓「福特」(Ford,意指「淺灘」)的人,通常住在渡口。姓「亞特瓦特斯」(Atwaters,意指「水邊」)的人,通常住在湖邊。

第二個類別反映了職業。英國最普遍的姓氏「史密斯」(Smith,意指「鐵匠」),多是靠打鐵維生。可想而知,姓「貝克」(Baker,意指「烘焙師」)的人大多是麵包師傅。姓「亞契」(Archers,意指「弓箭手」)的人則通常是職業弓箭手。

第三個類別為父系姓氏通常源自父親的名,可以讓別人知道你的父親是誰。例如,大衛遜(Davidson)是大衛的兒

子（son of David）。

最後一個類別來自綽號。「朗費羅」（Longfellow，意指「高個子」）是酒吧裡個子最高的那個人。「李利懷特」（Lilywhite，意指「純白」）很少曬太陽。「梅利門」（Merriman，意指「快樂的人」）大多是個性開朗的人。

在現代社會，許多身分認同的傳統社會起源已經被淡化了。[8]全球化破壞了我們共有的民族故事與國家認同。[9]我們開始四處遷移，不太會留在我們成長的社區裡，而且有愈來愈多的人不再以宗教團體認定自己。[10]

身分認同的傳統起源逐漸無法幫助我們回答「我是誰？」這個問題。於是，人們開始尋找其他的選項。現代社會產生了新型態的自我認同。

藉由我做的事，定義我是誰

我們生活在一個執迷於表現的文化裡。我們極度在意自己表現的好壞，這種執著已經滲入了我們的工作、學校、青少年運動，甚至是社群媒體。我們表現的好與壞，會影響別

人如何定義我們,更重要的是,會影響我們如何定義自己。

企業正在發生一場典範轉移(paradigm shift),而人力績效表現則是這場轉移的核心。企業正在從「由上而下模式」(藉由壓榨員工來提高生產力),轉移到「績效表現模式」(旨在釋放員工在職場的潛力)。這種轉移是由許多力量共同促成的,其中最主要的驅動力是,組織在面對快速變化、無法預測的商業環境時,需要變得更有創意、快速與敏捷。領導人提出的核心問題是:「我們如何創造員工發揮最佳表現所需的內部與外部條件?」

科技已經跳進了表現的陣營。在「你無法改進你無法衡量的東西」這句格言的推動下,對於我們做的每件事,現在幾乎都有表現指標可供參考。數位裝置與應用程式可以衡量人類的基礎數據:睡了幾小時、消耗了多少卡路里、時間管理、工作流程、生產力、參與程度、幸福感、印象、追蹤人數、按讚數、留言、社群媒體觸及率、潛在觸及率、點擊率、呼吸次數、屏息次數。

在一個日益遵循職業運動模式、不斷擴張的青少年運動產業中,表現是核心驅動力。私人教練、不間斷的練習,以

及高強度的早期運動專項化（specialization）已成為常態，因為父母會敦促孩子盡早開始接受訓練，原因是他們聽信一個普遍的錯誤觀念，以為一萬個小時的刻意練習可以造就一個偉大的運動員，或至少能夠獲得大學獎學金。[11]

對表現的執著也反映在大眾文化上。播客節目提供成為各種專家的途徑。許多書籍提出破解偉大成就的祕訣、汲取特殊成功人士的智慧，以及揭露不同領域的重要人士所使用的工具。大型顧問公司承諾可以「協助個人和組織引爆持久的表現」。知名講師在線上課程分享他們的人生旅程、思維和洞見。各式各樣的十大名單向我們揭示登上傑出表現巔峰的捷徑和祕訣，但事實上，所謂的捷徑和祕訣並不存在。

我們的文化竭力讚揚個人的卓越表現，以及擅於特定活動和技藝的達人。在過去，人類需要靠一套通用的生存能力（打獵、採集、種植作物、建造居所、照顧家人），但現在情況已經不同了。科技的興起打開了專門化的閘門。人們現在可以專攻一件事：社群媒體專家、股市奇才、意見領袖、超級保母。

把自我價值構築在表現結果之上

以表現為基礎的身分認同，意指根據我們的表現與別人比較的結果來定義自己，而不是藉由我們所做的事（職業身分）、或是我們在哪裡做事（組織身分）來定義自己。當我們的身分認同與表現連結，我們表現的好與壞將決定我們是誰。我們把自己的表現結果拿來跟別人比較，藉此了解自己是誰。我在＿＿＿（某某領域）比絕大多數的人優秀。我們根據相對關係來定義自己。

發展科學家暨南加州大學教學研究教授班・霍爾伯格（Ben Houltberg）博士，同時也是婚姻與家族治療師，他曾對人們追求卓越的動機進行廣泛研究，他說到，以表現為基礎的身分認同由以下三個因素定義：建立在他人意見上的自我價值（contingent self-worth）、對失敗的潛在恐懼，以及完美主義。

我們認為，假如我們的表現很好，我們會覺得自己很棒。假如我那本書出版了⋯⋯假如我能做成那筆交易⋯⋯假如我得到升遷⋯⋯假如我完成那份待辦事項清單⋯⋯

假如我登上榮譽榜⋯⋯假如我今年再度成為最高業績銷售員⋯⋯假如我得到奧斯卡金像獎提名⋯⋯假如我在當地俱樂部巡迴賽得到冠軍⋯⋯假如我贏得溫布頓網球錦標賽冠軍⋯⋯假如我的網路貼文有一天爆紅了⋯⋯。於是，我們的自尊取決於我們的表現與事件的結果。達成目標只能帶給我們短暫的放鬆，因為這次表現之後還有下一次的表現。我們的自尊變成一連串「假如⋯⋯就會」的副產品，我們最後會落入追求自我價值的永無止境的迴路。

　　追求卓越和傑出表現很重要。我們透過做困難的事及測試已知極限來了解自己。然而，當追求卓越的核心動機是證明自我價值時，錯誤、失敗、他人意見和批評就會被解讀為威脅，而不是學習的機會。

　　當我們的自我價值構築在表現結果時，我們往往傾向於打安全牌、不貿然嘗試。假如我們的所作所為決定了我們是什麼樣的人，那麼我們所做的事就會成為我們的一大威脅。我們會逃避任何可能會失敗的情況。我們不再自由地測試自己，看看自己有多少能耐。完美主義並非源自想用健康的心態追求卓越，而是努力想逃避「他人的負面評論」以及「沒

能活出我們的身分認同帶來的羞愧」。[12] 我們渴望被人接納並得到歸屬感，但我們相信，唯有當我們的表現達到或超越他人的期待時，這些需求才能得到滿足。

當人們的身分認同以傑出表現為基礎，他們會不斷想著，別人可能會怎麼看自己，並因此做出假設，而不是進行自我反思。這幾乎變成一個自動化的回應或反應。這些假設來得既快且盲目，以致我們沒有考慮到這些想法是否伴隨恐懼和不安全感而來。

霍爾伯格博士指出，身分認同不只在專長領域發揮作用。「它是一種思考模式，而且會轉移到其他領域。」[13] 它會呈現在人際關係上，也會展現在我們的工作和教養兒女上。「若不加以處理，它就會在你的一生中蔓延開來，使你常常覺得自己的價值與身分認同是構築在你的表現之上。」

當人們形成以表現為基礎的身分認同，他們的表現通常能達到客觀的衡量標準，但他們的身分認同全靠外在的肯定來支撐。他人的讚美和意見會助長這樣的身分認同。以表現為基礎的模式是有用的，但無法持久。當我們需要不斷拿出好表現，我們會變得精疲力竭，我們的幸福感、人際關係與

個人潛力也會受到危害。

若一個人身分認同的主要構成成分是以表現為基礎，那麼當他失去這個身分認同，或是這個身分認同被摧毀了，他就會覺得自己不再是自己了。

千萬不要把「以表現為基礎的身分認同」與「自我效能」（self-efficacy）混為一談。自我效能指的是，相信自己有能力完成某項任務。[14]以表現為基礎的身分認同指的是，相信自己的身分認同是構築在執行任務的結果之上。

以表現為基礎的身分認同之所以吸引我們，部分原因在於，它是可轉移的。你可以把以表現為基礎的身分認同帶到任何公司，甚至任何工作。在現今這個轉換職業跑道和角色變得更頻繁的時代，這樣的身分認同是很有吸引力的。

建立在沙土上的房子

表現是為了表達我們是誰，而不是定義我們是誰。當我們按照表現定義自己，我們就是把自己的身分認同搭建在沙土上的房子之上。我們在生活中做任何事的能力都會不斷變

化。當我們把自我感知與自身表現,以及伴隨表現而來的認可綁在一起,就創造了一個壓力、焦慮和抑鬱的溫床。

身分認同預先關閉

我發現令人不安的是,有些年輕人從小就鎖定了以表現為基礎的身分認同。在心理學中,這稱為「身分認同預先關閉」(identity foreclosure),意指人們在還沒有機會探索與思考所有的選項之前,就過早認定了某個身分認同。十二到十八歲是形成身分認同的關鍵時期,我們在這段時間開始思考自己是誰。我們會嘗試聽不同類型的音樂,結交新的朋友,嘗試新的活動、新的興趣。我們會探索關於自己的各種新想法。

我發現,許多有才華的年輕運動員、藝術家和學生不會經歷這個過程,他們不再探索自己的身分認同,而是用能為他們帶來讚美的活動來定義自己。當有人因為年輕運動員或名人的職業、外貌或表現而向他們索取簽名或合照時,這可能會讓人對他們如何為世界提供價值產生困惑。「我是一名運動員」這句聲明看似溫和無害,但它可能會嚴重限制年輕

人的成長。他們的優秀表現成了他們身分認同的基礎。有才華的年輕人為何預先關閉身分認同的其他可能性，這一點並不難理解。這些年輕人把大部分的人生投注在某一項活動上。他們早年的許多談話都是關於他們在訓練、上一場比賽，或是學校裡的表現如何。此時的他們正在經歷青春期的震盪，因此，鎖定某個明確的身分認同會變得很有吸引力，尤其是能帶來讚美、鎂光燈聚焦的身分認同。我是運動員。我是舞者。我是小提琴手。我是資優生。

我在「尋找大師」（Finding Mastery）播客節目中，曾與五屆奧運金牌得主梅希・富蘭克林（Missy Franklin）對談，討論「表現成為身分認同的基礎」這件事。[15] 2012年，年僅十七歲的梅希首次參加奧運就締造驚人的成績，一口氣贏得四面金牌和一面銅牌。梅希的父母一直非常注重確保她擁有廣泛的身份認同基礎。「我從來就不只是游泳選手。我是我爸媽的女兒，這是我第一個、也是最重要的身分。接下來，我是別人的朋友。然後才是游泳選手、學生，以及其他的身分。我的父母竭盡全力讓我知道，我可以為這個世界貢獻很多東西，絕非僅止在泳池裡游泳。」

當表現失常，身分認同的大樓就倒塌了。當鎂光燈和別人的讚美消失，當站上領獎台的人是別人，被誇大失真的身分認同就被曝露出來了。梅希雖然在四年後的里約奧運贏得了一面金牌，但她的整體表現遠不如前一次奧運。「這是我第一次真正的失敗，並被迫體會失敗的滋味。我意識到，我把多少的自我認同和自我價值投注在游泳上，以致當這些被奪走之後，我的世界就天崩地裂了。」別忘了，梅希的父母極度小心不讓梅希的身分認同受到限制，結果還是發生這種情況。身分認同預先關閉是個非常容易讓人栽跟頭的斜坡，即使是非常有自覺的人也不例外。

當我們少年得志，很容易會對我們該如何為世界創造價值感到困惑。

自我保護

當我們把所有的價值投注在表現，我們一定會竭盡全力保護自己的形象。誠如霍爾伯格博士所說，「以表現為基礎的身分認同帶來的一個重大後果是，人們在面對不對稱性時，就必須在認知和行為層面努力維持自己的身分認同。」[16]

以表現為基礎的身分認同很容易會使我們無意識做出自我破壞的事。我們會避免讓自己有機會發現自己可能會失敗。當結果不如預期，我們會為自己找藉口。

　　舉例來說，假設你花了好幾天的時間為一個重要的簡報做準備，不過，你還有幾個小地方需要收尾。結果，在開會的前一晚，你沒有完成最後的細節，讓自己隔天可以自信滿滿地上台做簡報，而是選擇和朋友外出狂歡。當你的簡報結果不如預期，你把責任推給前一晚的狂歡。你對你的朋友和你自己說：「我昨晚不應該出去玩的，那是個天大的錯誤。」你的弦外之音是，你本來可以有好表現，只可惜你的表現被你的選擇搞砸了。如此一來，會被質疑的是你的判斷力，而不是你的表現能力。我們可以預見，你將來永遠不會有機會測試自己的能力。你以後勢必會選擇保護自己的身分認同，而不是把做簡報視為一個發現自己的機會，了解自己有沒有能力克服這個挑戰。

　　為了減輕對以表現為基礎的身分認同的威脅，我們還會採取其他策略。我們會貶低意見的來源。我們會攻擊或批評那些我們覺得批評我們的人，試圖詆毀他們。我們會以合理

化和選擇性的評估證據來回應。我們會建立反駁論點。我們會忽略與我們自身信念背道而馳的訊息。這些反應的強度，取決於該意見與我們身分認同核心的接近程度。

以表現為基礎的身分認同很難長久維持。我們從人類祖先遺傳下來的遠古腦，天生就能偵測環境中的威脅，但並不擅長區分對我們的身體自我和社會自我的威脅。當我們的自我價值與我們的表現互為連結時，僅僅只是預期自己的表現，就會觸發與灌木叢中有老虎時相同的交感神經系統反應。我們的體內快速產生的連鎖反應，原本是為了讓我們有能力應對具有威脅性的環境，結果卻讓我們在比賽或是簡報開始的時候，就已精疲力竭。我們的身體不是設計來讓我們一天花十小時的時間躲避劍齒虎，但是當我們以表現做為身分認同的基礎時，就相當於這麼做了。

磐石上的房子

對抗FOPO的唯一利器是，擁有強烈的自我感知。當你知道你是誰，他人的意見就不再是無所不在的威脅。我們要

把身分認同建立在我們的本質，而不是我們所做的事、做得好不好、和誰一起做這件事，或是在哪裡做這件事。誠如約瑟夫・坎伯（Joseph Campbell）說：「人一生的特權就在於做自己。」[17]

要打好基礎，建立強烈的自我感知，關鍵在於，不要把焦點放在自我。超越FOPO的方法不是看低自己，而是減少想著自己的頻率。FOPO的核心是關於自我指涉：我們把注意力集中在自己身上。若要反制這個傾向，我們要下定決心把精力放在學習和人生目的，藉此把注意力從自己身上移開。這會帶來一種體驗自己和周遭世界的全新方式。

學習者思維

把新發現融入你的自我感知中，這可以賦予你成長和改變的內在空間，以及犯錯或承認自己有所不知的自由。每一個時刻都是全新的，因此，我們要建立一種心理架構，允許我們發現未來每一刻的本質意涵，也就是學習者思維。若要擁有學習者思維，我們就要放下自己已經「知道」的，以騰

出空間容納我們所不知道的。有一個禪宗故事道出了這個精髓：

> 有一個弟子去找一位深受尊敬的禪師，想向他學習禪宗之道。禪師開始講道之後不久，這個弟子打斷他並說：「哦，這個我已經知道了。」試圖想讓老師對他刮目相看。
> 於是，禪師提議他們一邊喝茶一邊討論。
> 茶沏好之後，禪師把茶注入茶杯，倒滿了茶杯，然後還繼續倒茶，使茶湯溢出來，流到桌面。
> 弟子看著茶湯溢出茶杯，忍不住說：「停下來！杯子裝滿了就不能再倒了。」
> 禪師放下茶壺，回答他說：「你說得對，等你的杯子倒空之後，再來找我吧。」

以「對自己的新發現」做為自我意識的根據，並不是逃避真正做自己的藉口，而只是承認我們會隨著時間而改變。每個人都會隨著時間的流逝而改變。當我提筆寫這段文字

時，我已經不是原來的我了。等到你讀完這段文字時，那時的你也不再是現在的你。我指的不是你對這段文字的反思改變了你，我只是在陳述一個事實：我們不斷在改變。我們此刻的樣貌並非我們未來樣貌的終點，認知到這一點非常重要。正如哈佛大學心理學教授丹‧吉伯特（Dan Gilbert）所指出的：「人類是進行中的半成品，卻總是誤以為自己已經是完成品。」[18]在人生旅程的任何一個時刻，我們往往認為，此刻的我就等於未來的我。吉伯特把這個錯誤認知稱為「歷史終結錯覺」（end of history illusion）。[19]

吉伯特與同事做了一系列的研究，調查了一萬九千多名參與者，請他們回答認為自己在過去十年改變了多少，以及／或預期自己在未來十年會改變多少。無論參與者處於哪個人生階段，他們的回答都相同：認為自己在過去十年的改變會比未來十年的改變更大。但他們也認為，自己的改變已經結束了。無論是十八歲或六十八歲，參與者都認為自己在未來只會有微幅的成長和改變。這就是歷史終結錯覺。

這種認為自己的成長到此為止的傾向，會影響我們的自我感知。「這是現在的我，而且還在不斷進步」與「這就是

我」在本質上有所不同。後者會形成僵化、固定的身分認同，而這種身分認同更容易受到FOPO的影響。

當他人的意見挑戰我們的身分認同時，我們可以試著不要逃避這種不舒服的感覺，學習擁抱這種感覺，並對那些意見的源頭感到好奇。我們可以訓練自己，把那些意見看個仔細，從中尋找真相。對那些給予意見的人保持好奇，並探索我們可以如何從那些意見中學習。好奇並不總是令人好受，但它是成長的標誌。

我曾花二十多年與世界一流的運動員、藝術家，以及各行業的領導人合作，我清楚看見，他們待在非舒適圈的時間比其他人更多。當遭遇困境時，儘管很不舒服，但他們仍堅持到底，不找藉口離開充滿情緒張力的情境。

當某人的意見引發你的焦慮（或是使你覺得受到挑戰），你也可以運用同樣的技巧。微笑、深呼吸，然後挺身進入那個焦慮的感覺。你置身其中，並且可以在那個空間有新的發現。請不要逃避其中的情緒張力，而是花一點時間探索裡面的風景。經過一段時間的練習之後，你會覺得，他人的反饋無論是否符合事實，都是你釐清自己是誰的機會。用

這種擁抱壓力的做法面對人生，可以幫助我們培養神奇的內在能力。隨著時間的推移，這種張力和壓力會鍛鍊出一種能力，使我們在任何環境及處境下，都能泰然自若。

我們可以透過大自然的例子，了解壓力和張力如何增強我們的力量。

1991 年，有人在亞歷桑納州奧拉克爾（Oracle）以三英畝的土地，創造了一個微型的地球環境，它是一個模擬未來的封閉空間，稱作生物圈二號（Biosphere 2）。有八個人在這裡研究永續生態系統的運作。生物圈二號是麥特·戴蒙（Matt Damon）主演的電影《絕地救援》（The Martian）中封閉生態系統的真實前身。生物圈二號的計畫與設施的建構耗時七年才完成。裡面的自然環境包括雨林、稀樹草原、沙漠、紅樹林濕地，以及位於 7.5 公尺深、46 公尺長海洋中的珊瑚礁。

生物圈二號面臨許多挑戰，其中一個令人費解的情況是裡面的樹木長大之後就會傾倒。樹木在這個封閉空間裡長得更快，但在長到應有的高度之前，就會倒下來。科學家一開始對這個現象深感不解，後來才發現，他們沒有考慮到

「風」這個自然因素。樹木需要風的吹拂來強化根部系統。風會搖動樹幹，為根部施加壓力，使其分枝並向深處生長。這就是為什麼植樹需要有足夠的支撐才能長得直。樹木頂部需要在風中搖擺，才能長出強壯的樹幹和強大的根部系統。

把人生目的看得比認可更重要

我們從小就被制約訓練要尋求認可，這種制約會延續到成年期，於是我們會尋求老闆、配偶、朋友和同事的認可。慢慢的，我們形成一種內建機制，要向外界確認一切都很好。然而，我們並不需要把自己限制在那種反射性系統裡，我們還有另一種選擇：人生目的。

人生目的是一種信念，你相信你活著是為了做某些事。它源自你內心的一般性意圖，對你而言具有意義，也會影響你周遭的世界。簡言之，你的人生目的對你很重要，而且對你具有內在價值（intrinsic value）。它比你更宏大，並且著眼於未來。

我們不再向外看，看看他人是否認可我們，而是改寫這

個習慣,轉向內心,與我們的人生目的進行核對。「我忠於我的人生目的嗎?」取代「大家喜歡我嗎?」,成為新的參考點。

我們以人生目的(而不是他人的認可)為評斷標準,據以做出決定、設立優先次序,以及做出選擇。我們想確認的是,自己的想法和言語是否與我們的人生目的一致。

表面上,競爭的目的是贏得勝利(無論是運動或做生意)。但是對於那些總是(而且長期)贏得勝利的個人或組織而言,他們的驅動力往往不只是得獎或股價。人生目的並非傑出表現的先決條件,然而,假如我們以人生目的做為人生的錨,當我們面對挑戰時,會展現出更強的韌性。

假如某個東西對我們很重要,我們會願意為它做任何事。對我們摯愛的人是如此;對某個想法是如此;對你想要活出的人生也是如此。我們不在乎自己看起來如何,或是別人怎麼看我們。我們與當下所做的事緊密相連。

按照霍爾伯格的說法,人生目的是個強大的激勵因子,它會使我們把我們最看重的事物,放在自我認同的中心位置。雷納德・漢密爾頓(Leonard Hamilton)是佛羅里達州立

大學籃球隊教練,他曾寫信給傳奇體育解說員吉姆·南茲(Jim Nantz)。這封信展現出,當人生目的深植於我們的身分認同時,會是什麼樣子:

> 我從來沒有不順利的日子。身為一名教練,我希望我在別人腦海中的印象不只是贏球或輸球。我希望看到我的球員將來成為好爸爸、好丈夫。將來有一天,當我看到他們成為自己家庭的領導者,我會認為那是我的勝利,我只在乎這樣的記錄。當他們打電話告訴我他們要結婚了,當他們邀請我參加他們的婚禮,當他們請我成為他們第一個孩子的教父,這才是我在意的勝利。[20]

當人們以人生目的為身分認同的基礎,別人的評價不再是驅動他們前進的動力。他們所做的事情的意義,以及他們能造成的影響,才是驅動他們前進的動力。

這是兩種截然不同的動力。一種是可持續的,而另一種則會讓你精疲力竭。

從想法到行動

你可以在任何情況下練習將你的身分認同與他人的認可脫鉤，做法是將該情況與你的核心價值進行對照。核心價值是支配我們行為的基本信念和指導原則。

請隨手寫下你的五個核心價值，看看它們在你的身分認同受到感脅時是否仍屹立不搖。舉例來說，假設「創意表達」是你的核心價值。當你的公司即將舉辦一場需要穿正式服裝的活動，而你想穿紫色西裝外套出席。你很清楚，其他人一定會對此做出反應。你開始胡思亂想：「我的同事一定會認為我很不合時宜，或是覺得我想引人注目。」此時，你停下思緒並說：「等等，我的核心價值是創意表達，還是我要默默順從別人的想法？」利用這種內在的拉扯，將FOPO（別人會怎麼看我？）和你的核心價核進行對照，然後便能做出明智的決定。或許你決定，好吧，我的首要原則是創意表達，但公司的這個活動並非表達自我的好時機。又或許，你決定豁出去，穿上那件紫色西裝外套。

如果你很清楚自己的核心價值，每當你遇到他人意見的威脅時，你就會有一套現成的機制可供應對。這種方法能讓你擺脫反覆思考「別人會怎麼想？」的迴路，並以一種經過衡量、能清晰呈現你原則的反應取而代之。此舉將焦點轉移到你當下的體驗，而非檢討你的身分認同，進而使你能夠做出有意識的決定。

5
對自我價值的不確定

「一個人若得不到自己的認可,
是無法感到自在的。」

── 馬克・吐溫(Mark Twain,美國小說家)

　　2017年8月,希拉莉・艾倫(Hillary Allen)即將完成她的神經科學博士學位。此外,她也是天空跑(skyrunning)世界排名第一的選手。天空跑基本上就是高山跑步,但要在很短的時間內急劇爬升高度,這是一項技術要求很高的運動。如果說越野賽跑是繞著山跑,那麼天空跑則是在高山跑上跑下。它相當於爬上高山的超級馬拉松。

　　希拉莉平時在大學教科學方面的課程,趁著暑假,她到歐洲參加三個月的比賽。她在「尋找大師」播客節目中告訴

我們，當時她正在挪威位於北極圈內的特羅姆瑟（Tromso）夏季賽事最後一場比賽的中途。她跑過山脊，看到一位攝影師正等著要拍她跑過一個難度很高的轉彎。那位攝影師給希拉莉取了一個綽號叫「微笑者」（Smiler），因為她總是面露微笑，即使在痛苦的時候也是如此。希拉莉向攝影師打招呼：「嗨，伊言。」他回答說：「在這個轉彎給我一個燦笑吧。」這是她對那場比賽最後的記憶。

接著，希拉莉踩到一塊鬆動的石頭，然後滑落山崖。她倒頭向下墜落，同時聽見她對自己說：「深呼吸，你快要死了，但保持冷靜，因為一切很快就會結束了。」她向下跌落四十多公尺，過程中身體反彈了好幾次，最後停在一塊垂直、難以救援的岩石上。她有十四處骨折，包括雙腳、兩個手腕、脊椎的第四、第五腰椎，以及五根肋骨。

一位參賽者看見這個情況，冒著生命危險爬下山靠近她。希拉莉的身上有開放性傷口，全身是血。這位參賽者根本沒有想到要檢查她的生命跡象，因為他以為她已經死了。希拉莉的胸部上下起伏，恢復了意識。她對他脫口而出的第一句話是：「我會好起來嗎？」

在這種危急時刻，希拉莉的反應是完全可以理解的，但它也揭示了我們為了評估自身狀況，會本能地向他人尋求確認。

無論在生活的哪個領域，只要出現不確定的情況，我們就會想知道自己的狀況是否安好，像是在產房、會議室、臥室、教室。當我們感到害怕、不安和搞不清楚狀況時，我們若非向內（向自己），就是向外（向權威人士）尋求意見。無論我們是向內或向外尋求答案，甚至是否提出「我還好嗎？」這樣的問題，最終都由一個因素決定：自我價值。

自我價值

自我價值是做為一個人的價值感。它說明了我們對自身價值和重要性的核心信念。我們的自我價值是一種內在的衡量標準，它關乎我們如何看待自己，以及我們認為自己是誰。我們的自我價值從哪裡來，以及我們如何思考自我價值，會大大決定我們多麼容易受到FOPO的影響。人們認為自己必須成為什麼樣子或是做什麼事才會有價值，這個答案

因人而異。

威廉‧詹姆斯（William James）被譽為美國心理學之父，他曾寫道：「我們在這個世界上的自我感覺，完全取決於我們期望自己成為什麼樣的人，以及期望自己做什麼樣的事。它由『我們的實際情況』與『我們認為自己有多少潛力』的比率來決定……。因此，假如我們想尋求最真實、最強大、最深層的自己，就必須謹慎審視這份清單，然後決定我們想靠哪一項得到救贖。」[1]詹姆斯認為，自尊建立在兩個元素之上：我們的成就與我們的抱負。他用一個簡單的數學公式呈現這個概念：

$$自尊 = \frac{成功（成就）}{抱負（目標）}$$

根據詹姆斯的看法，我們可以透過兩種方式提升我們對自己的感覺。我們可以創造更多成就，亦即提高上述公式的分子。或是我們可以調整我們對自己的期望，在我們用來定義自己的領域中，挑選更適度、但更相關的目標。

繼詹姆斯之後，珍妮佛‧克羅克（Jennifer Crocker）

與康妮・沃爾夫（Connie Wolfe）導入「自我價值後效」（contingencies of self-worth）的架構，來描述我們把個人的自我價值建立在什麼領域之上。[2]這個概念是，自我價值是對自己的評斷，因此，它一定會建立在某種標準之上。人們會根據自己在世界上的目標，選擇用某個領域來界定自我價值。克羅克與沃爾夫找來642位大一新鮮人進行縱向研究，他們設定了大學生最可能用來界定自我價值的七個不同領域。其中五個領域是外在的：外表（覺得自己在他人眼中有多少吸引力）、學術能力（達成個人學業目標的能力）、競爭（勝過他人）、他人的認可（他人對自己的評價），以及家人的支持（自己是否符合家人的期待）。兩個領域是內在的：神的愛（神的愛和接納），以及道德（內化的道德標準）。

我們如何評斷自己的自我價值，取決於這些領域的結果。某人的自我價值可能取決於學術能力，而另一個人的自我價值則可能取決於他自認在他人眼中有多少吸引力，或者取決於神的愛和接納。整體的自我價值感取決於我們所倚賴的領域的成功或失敗。成功意味著我不僅完成事情，而且我

是有價值和值得肯定的。

我們只會在自我價值所在的領域評斷自己。這就是為什麼兩個不同的人對同一件事會有截然不同的反應。對於把自我價值建立在學術能力的人來說，某次數學考試拿到B的成績可能是個災難，但對於把自我價值建立在其他領域的人來說，數學考試拿B其實也不是什麼大不了的事。

在這項研究中，克羅克在這些大一生入學之前先請他們做問卷，了解他們自我價值的基礎，然後在學年即將結束前，再做兩次調查。[3]超過百分之八十的人回答，他們把自我價值建立在「學術能力」，百分之七十七回答說是「家人的支持」，百分之六十六回答說是「勝過他人」，百分之六十五回答說是「外表」。

這項研究揭示出，把自我價值建立在外在肯定的學生所需付出的代價。**數據顯示**，把自我價值建立在外在來源，像是學術表現、外表與他人的認可，會對這些學生的身心健康造成負面影響。把自我價值建立在外在肯定所導致的不穩定性，會帶來更大的壓力、更多的人際關係困擾與較差的學業表現，以及使人更容易發怒。這些學生也更容易使用毒品或

酒精,也出現更多飲食障礙症狀。相反的,把自我價值建立在內在來源(宗教信仰與道德)的學生,則有較好的學業表現,感受到的壓力較小,使用毒品或酒精以及飲食障礙的情況都比較少。

把自我價值建立在外在的事物,如果行得通的話,可能會帶來短暫的好處。當我們成功時,會得到情緒和生理化學物質上的獎勵。我們的下視丘會產生多巴胺(通常被稱作「使人有好心情的神經傳導物質」)。我們的自尊會提升,並帶給我們安心、可靠,以及比別人更優秀的感覺。[4]然而,隨著時間的推移,對外在肯定與社交認可的依賴,會導致我們的暗黑自我顯露出來。

有條件的自我價值附帶的代價

心理學家理查・瑞恩(Richard Ryan)與艾德華・德西(Ed Deci)提出的「自我決定論」(self-determination theory, SDT)被世人廣泛接受,並且使我們對人類動機的理解,產生了翻天覆地的變革,同時顛覆了當時人們主要受外部獎勵

驅動的主流觀點。自我決定論認為，人類行為由三種基本內在需求驅動，這三種需求必須被滿足，人們才能有最佳表現，並得到幸福感。人們需要覺得自己有能力且有效滿足來自環境的要求，這是「勝任感」（competence）。人們需要有歸屬感，需要覺得自己對別人很重要、而別人對自己也很重要，這是「聯繫感」（relatedness）。最後，人們需要「自主感」（autonomy），這是根據自己的優先次序、信念和價值觀做出選擇的自由。

在這個理論中，自主感指的不是獨立，而是指能夠行使個人意志與擁有控制權。它指的是，當人們選擇做某一件事，是因為這件事本身能帶來滿足感。假如人們對某個活動感興趣、樂在其中，並出於自由意志選擇從事這個活動，則他們往往更有解決問題的能力、更有創意、更願意投入，且在面對挑戰時也更有韌性。

當我們把自我價值外包出去，就會危及上述基本需求。當你必須花精神維持與保護有條件的自我價值，你能夠用來建立穩固人際關係的精力就變少了。當你的自我價值取決於你在某個領域的成敗，你的主要驅動力就會變成：向你自己

和別人證明，你已經達到了那些價值條件。克羅克指出：

> 一個人的自我價值若取決於聰明或能幹，往往需要證明他人不比自己聰明或能幹；一個人的自我價值若取決於善良和富有同情心，則暗指要求他人不如自己善良和富有同情心。
>
> 因為如果別人比我更聰明或更好，我又如何說服自己和他人我是聰明或好的呢？因此，當我們要得到自尊，我們不僅需要成為有能力、正確或良善的人，我們還需要成為比別人更有能力、更正確或更良善的人。[5]

從別人的眼睛看自己（別人怎麼看我？我表現得怎麼樣？），會阻礙我們理解與回應別人需求的能力。[6]我們不是向外尋求聯繫，而是向內尋求防衛或攻擊。許多研究指出，當我們的自我價值受到威脅時，我們的反應是怪罪別人、退縮、找藉口，以及發怒或攻擊別人，這會對我們的人際關係造成危害。[7]

當我們的自我價值感受到挑戰，我們出於本能會忽略或貶低他人的意見，以保護自己。當我們這麼做時，便無法得知一些選擇和回應，幫助我們把手上做的事做得更好。於是，我們不再積極努力達成目標，而是一心只想避開不好的結果。

　　最重要的或許是，建立在他人意見之上的自我價值，會使他人對我們的看法變得更有影響力，同時削弱我們對自己的看法，並且不利於我們滿足對自主性的基本需求。我們花費大量資源向外看，想知道自己是否還好。我們更容易被別人的行為、想法和感覺所控制。我們放棄了自我安撫的能力。我們難以做出決定和承諾，因為我們向外尋求答案，而不是先審視內在。我們將自我意識交由別人決定，允許他人來決定我們如何看待自己。環境、情境，以及我們從哪個領域得到身分認同，會左右我們讓他人意見對我們產生多大影響力的程度。

　　當我們把自我價值建立在我們看重的領域所產生的結果，我們的一生就注定過著焦慮和小心翼翼的日子。就像我們的祖先一樣，生活在隨時會受到攻擊的威脅之下，只不過

我們保護的不是自己的人身安全,而是我們的自我價值。

我們就像麥特・戴蒙在《神鬼認證》(*Bourne Identity*)系列電影裡的角色傑森・包恩(Jason Bourne)一樣,在任何環境都隨時保持警覺。我們到一個地方,會先找出所有的出入口。我們仔細觀察別人,留意各種非語言線索。目標是能夠預測別人的行動和反應。

有時候,在意見表達之前,我們就先發制人。在會議中提出自己的創意想法時,我們會採取兩邊押注的做法,我們會說,「這或許不是個好點子,不過,假如⋯⋯的話⋯⋯」,以便在其他人的反應不佳時減輕衝擊。有時候,當他人的意見擊中我們的自我價值,我們會改變說詞和立場。當老闆沒有馬上接受我們的提案,我們會迅速放棄自己的觀點,並積極支持我們不喜歡的點子。

我們的壓力反應處於高度警覺狀態,而且很少關閉。無論是揮舞著長矛的敵對部落成員,還是給予我們逆耳忠言的主管,我們的神經系統無法分辨這兩者間的區別。正如神經心理學家瑞克・韓森(Rick Hanson)指出:「無論用什麼方式,大多數高壓情境很快就會解除,這是很自然的情況,你

在野外也可以看到。自然的生物和演化藍圖，是在壓力爆發之後，進行長時間緩慢的復原。」[8]保護自我價值所在的領域，會使我們長期承受壓力，因為我們持續不斷受到外來威脅的攻擊，包括真實和誤解的攻擊。

當我們把自我價值建立在外在因素之上，我們會發現自己陷入了追逐自我價值的無限循環裡。當我們的自我價值是個人成就的結果，而不是原因時，我們就會陷入困境。在這個架構裡，我們的自我價值是由成功與成就所維持，且不斷受到各種障礙、失敗與他人意見的威脅。

我們是怎麼落到這個境地的？

我們從小被訓練、有時被明確地教導，要根據我們是否達到足以贏得他人的愛與尊重的條件，來衡量自己的價值。我們剛出生時，需要完全倚賴我們的照顧者。剛出生的長頸鹿寶寶有180公分高，而且在出生後一小時內就能站立和奔跑。而出生兩個月的人類嬰兒，都還沒有辦法靠自己的力量抬頭。一直要到十幾歲，人類才有獨自生存的能力。在童年

時期，我們觀察什麼事會讓我們的照顧者開心（哪些行為可以得到獎勵，哪些不能），然後選擇只做那些事。[9]我們仔細觀察我們的照顧者，想知道我們需要做些什麼（以及不能做什麼），才能得到他們的照顧。我們從很小的時候就學到，他人的回應會直接影響我們的幸福。

照顧者有條件的關注，是促使孩子學習社會化的方式之一，而這個情況會對孩子的自我價值產生巨大的影響。成人會在孩子展現某些正向行為或特質時，給予關愛的情感。當孩子成功或達到所要求的條件，成人會給予盛讚。相反的，當孩子表現出成人不喜歡的行為或結果，大人就收回對孩子的情感。這樣的落差會引發孩子的焦慮，並激勵孩子去做可以得到獎勵的行為，藉此降低心中的焦慮。[10]

孩子可能會從父母得到這樣的訊息：他們具有的價值和得到的賞識程度，取決於他們是否展現某些行為、或成為某個樣子。其中的潛台詞是，在父母的眼中，他們本來的樣子還不夠好，他們還需要其他的東西，才能具有價值。[11]孩子通常會把這個觀念記在心裡，並相信他們在任何人眼中都不夠好，包括在他們自己的眼中。[12]

社會文化不斷強調有條件的自我價值。激烈的學業競爭使學生相信,學業成績和標準化測驗的分數是衡量他們價值的指標。廣告商會努力找出顧客的痛點,創造不存在的問題,以銷售他們不需要的產品。[13] 社群媒體驅使人們透過精心安排的美化形象來互相比較,利用追蹤人數、按讚數、分享次數和留言次數來衡量我們的價值。

從小到大,我們源源不絕地被灌輸他人的意見、評斷和觀感。當我們漸漸長大,我們或許被教導要有獨立思考和分辨的能力,但長期累積而成的習慣是很難改變的。

我們從周遭環境吸收和解讀訊息,並將其轉化成我們認為可以被社會接受的行為。隨著時間的推移,我們會按照這種行為模式與朋友、老師、夥伴和主管建立關係。

天賦價值

英國傳奇廣告奇才羅里・薩特蘭(Rory Sutherland)曾說:「工程師、醫療人員、科學家都著迷於解決現實世界的問題,然而實情是,一旦社會達到某個基本富裕程度後,大

多數的問題其實是感知（perception）的問題。他以廣告業為例，廣告能透過改變感知（而非產品），來增加價值，而感知的價值帶來的滿足感，有可能和真實的價值一樣。[14] 簡言之，我們可以告訴人們一個故事，使他們以不同的方式感知事物，用這種方式使他們改變行為。薩特蘭講的是，如何解決有條件的自我價值的問題。

你可以將解決方式複雜化，大談你該做哪些改變，使自己得以掙脫消耗資源、不穩定，而且綁手綁腳的有條件的自我價值牢籠。你可以透過回溯療法，以了解你的照顧者在你小的時候，如何在潛移默化中灌輸你要把自我價值建立在他人意見之上。你可以仔細爬梳所有你成長過程中遭受的情感或身體痛苦。但事情不需要如此複雜。

你只需要明白，你原來的樣子本身就很有價值。你的成績不等於你——無論是A還是F。你的工作、年齡、馬拉松比賽成績、你在組織結構圖裡的位置、你的感情生活、你擁有的金條，或是你是否曾經入獄，這些都不等於你。你擁有天賦價值，這價值不取決於你所做的或曾經做過的事，也不取決於你是否道德高尚或犯過多少錯。在計算你身為一個人

的價值時,你的品德和失敗紀錄並沒有被考慮在內。你的價值來自你的存在,而不是你的行為。

從想法到行動

開始覺察你把你的自我價值安放在哪些外在領域。你的價值在哪些地方表露？你需要在哪些領域符合一定的標準，才會覺得自己有價值？你的價值不一定只限於一個領域，有可能分散在好幾個領域中。在理想情況下，自我價值應該是不受條件限制的，但你可以探索下列領域，以便更了解自己的傾向。

圖 5-1　自我價值的外在依附分類

外在領域	自我價值
社會認可	我是否被接納、欣賞和肯定
職場	我是否達到工作表現的標準
金錢	我對財富的感知
學術	我的學術成就
外表	我是否符合社會文化對吸引力的標準

外在領域	自我價值
社會比較	我是否在某個領域比別人「更好」
道德	我是否成為一個有品德的人
教養兒女	我的孩子的成就和幸福
權力	我覺得自己握有多少權力
神的愛	我是否擁有神的愛
家人認可	我是否達到家人的期待

知道你將自我價值投注在哪裡,能幫助你更了解你的行為和反應受到什麼力量的驅動,並幫助你培養對自身心理脆弱領域更敏銳的意識。

6
容易被綁架的大腦

「我所知之自由唯有一種，
即心靈之自由。」

―安東尼・聖修伯里（Antoine Saint-Exupery，法國作家）

與我們的思緒獨處

當忙碌取代休閒時間，成為地位的象徵，「我都沒有時間可以留給我自己。」成了我們常聽到的感嘆（或是炫耀）。我們用這一句話，同時表達了我們的疲憊感和社會價值。言下之意是，稀缺與被需要使我們成為更炙手可熱的人力資本，但假如我們有更多屬於自己的時間，我們的人生會變得更好。

擁有更多屬於自己的時間，是個很不錯的想法。但維吉尼亞大學（University of Virginia）心理學教授提摩西‧威爾遜（Timothy Wilson）及其同事發現，許多人不喜歡獨處，而且會不遺餘力地避免獨處。[1]

威爾遜的研究團隊請大學生們獨自待在一個空無一物的房間裡，用自己的思緒娛樂自己。唯一的規則是，他們必須坐在椅子上並保持清醒。接下來，研究者會詢問參與者，他們有多喜歡這項體驗，以及是否難以保持專注。

先前在這個領域的大多數研究都聚焦於當人們試圖參與某個外部任務（像是閱讀）時，他們的思緒會不由自主地飄走。一般來說，在那些例子中，當人們的思緒投注於某一項任務時，他們的心情通常會比較好。而在威爾遜的研究中，我們或許會猜，由於那些參與者所在的房間裡沒有任何東西能分散他們的注意力，他們應該會思考一些正向、有趣的想法。但事實並非如此。

大多數的參與者回答說，他們難以專注，而且思緒會飄走。絕大多數人不喜歡與自己的思緒獨處的體驗。

接著，研究者想更進一步測試人們有多麼抗拒面對自己

的思緒。他們請那些學生再次單獨待在那個沒有任何刺激物的房間，什麼事也不做。這一次，研究者提供一個選項，參與者可以按一個按鈕，然後接受不舒服的電擊。（這些參與者事先曾被電擊過，並表示他們願意付錢避免自己被電擊。）很顯然，他們寧願做點什麼，也不願獨自發呆，但他們寧可參與一個不愉快的活動，也不願什麼事都不做嗎？

研究結果顯示，他們寧可被電擊。百分之二十五的女性選擇用電擊打斷獨自思考的時間，而有高達百分之六十七的男性選擇電擊自己一次以上。有一個極端的人按了490次按鈕！想像一下那個人的腦袋裡在想什麼。

我們為何這麼討厭與自己的思緒獨處？

這裡正在開派對

答案可能藏在預設模式網路（default mode network, DMN）裡。這可不是某個80年代電音樂團的名稱。[2]預設模式網路是大腦中高度複雜的互動區域網路，它可能是我們產生自我感知的神經學基礎，是感受痛苦的區域，也是FOPO

的來源。這似乎讓預設模式網路顯得惡名昭彰,且讓我細說分明。

過去六十年來,科學家的研究產生了跳躍式的進展,科學家運用精密的造影技術,描繪出神經網路,揭開了許多大腦的祕密。聖路易斯華盛頓大學(Washington University in St. Louis)神經學家馬庫斯・賴希勒(Marcus Raichle)表示,「顯微鏡和望遠鏡開啟了廣闊得出乎意料的科學研究領域。現在,人類認知能力的研究也得到了類似的機會,因為我們有新的方法,可以將人類思考時所動用的腦神經系統視覺化。」[3]現在,我們若要觀察人類大腦,不再需要動用手術刀了。非侵入性的功能性磁振造影技術(fMRI)讓科學家得以用安全的方式搜集資料,以了解人類心智的運作情況。

多年來,科學家聚焦於追蹤人們投入某項活動時的腦內變化。沒有人考慮過,當人們什麼事也沒做時,大腦內部發生了什麼事。賴希勒在1990年代轉移了這個典範。

賴希勒與同事遵循大腦圖譜研究的標準做法,請參與者從事一些簡單的任務,像是朗讀文字、分辨圖片裡的顏色,或者試圖回憶某個單字是否出現在他們先前收到的清單上。

接下來，研究人員運用正子斷層造影技術（positron emission tomography, PET），來觀察這些大腦活動使血液流向何處。[4]他們想知道，不同的任務使得哪些腦部活動增加了。

為了衡量變化的程度，科學家需要先建立參與者在放鬆狀態的基準線。在賴希勒的實驗室，他們的做法是請參與者看著空白螢幕。有一天，賴希勒注意到，當參與者正在從事需要高度專注的任務時，大腦某些區域的活動減少了。更令他驚訝的是，當任務完成後，這些相同區域的腦部活動卻增加了。在沒有特定的外部任務時，大腦似乎會恢復到預設的活動水準。這些區域的大腦在應該休息的時候卻忙碌起來。賴希勒大吃一驚，他不確定到底發生了什麼事，但他決定在以後所有的實驗中都會追蹤這個現象。

賴希勒透過累積的控制數據資料意外發現，當我們沒有從事任何外部活動時，預設模式網路（一個從來不曾被發現，一群互相連結的腦部結構）變得更活躍了。[5]

在賴希勒發現這個現象之前，我們一般假設，大腦的主要功能是解決任務，若沒有使用，就會處於放鬆或被動狀態。[6]從來沒有人想過，當我們放鬆時，大腦也同樣忙碌，

就和我們專注處理具有挑戰性的活動時一樣。

這項發現可以提出一部分的解釋,說明大腦在「休息」時消耗的能量,與進行複雜心智任務時消耗的能量幾乎差不多,以及大腦消耗的能量約占一個成年人所有消耗能量的百分之二十,而大腦的重量只占一個人體重的百分之二。[7]原來我們的大腦從來沒有真正關機。

我們的腦袋並非閒閒沒事

假如我們的大腦永遠開機,那麼當它沒有專注在明確的目標時,究竟在做些什麼?用一個可能過度簡化的說法,我們的大腦此時會進入神遊的活動模式。預設模式網路有許多功能,當大腦無事可做時,往往會開始思考它最喜愛的主題——自己。

我們對預設模式網路的了解還不是非常完整,但最普遍的看法是,它是自我指涉活動的中樞,自我指涉活動使我們陷入沒有生產力、重覆性的負面思考裡。重提往事,憂慮未來,評斷自己和他人,質疑他人的意圖,想著別人對我有什

麼看法,擔心別人對我的看法。

對大多數人來說,神遊不是一件愉快的事,這是哈佛大學社會心理學教授丹・吉伯特(Dan Gilbert)與馬修・格林沃斯(Matthew Killingsworth)的研究結論。[8]吉伯特與格林沃斯開發出一個iPhone應用程式,並用它在一天中的隨機時間與八十三個國家的五千多人進行聯繫。他們會問研究參與者:「除了你正在做的事之外,你現在是否想著其他的事呢?」還問他們當下覺得愉快還是不愉快。

這個研究發現,我們平均有將近百分之四十七的清醒時間處在神遊狀態。也就是說,我們的人生有幾乎一半的時間都在想著我們正在做的事情之外的事。雖然在創造性探索的時刻,這可能是一種正向插曲,但當這些思緒使得我們感到不滿足和不快樂時,它就會造成情緒上的負擔。而且一般來說,當我們反覆想著別人可能對我們產生的看法時,就會發生這種情況。

一方面,不受框架限制、自由奔放的思緒可以產生美好的創意,另一方面,當我們的思緒不亂跑的時候,我們會比較快樂,我們要如何調和這個矛盾?實情是——我們兩者

都需要。我們真正的能力蘊藏於能夠選擇把注意力放在何處,並且具備達到這個目標必要的心智技巧,也就是有能力選擇是否想要反覆思考我們的同事、同學、教練、朋友或勁敵可能對我們產生的看法。

我們不需要讓他人的意見綁架了我們的注意力。我們可以不讓神遊的思緒喧賓奪主,成為主角。我們該如何把注意力引導到我們想要的地方,而不是跟著大腦對社會認可的原始渴望走?

答案是:正念。

請注意

許多科學研究證實了古老的東方傳統早已知道數百年的事——正念練習能使預設模式網路(猴心〔monkey mind〕的溫床與FOPO的起點)的活動靜止下來。[9]

正念並不是新觀念。數千年來,像冥想這樣的沉思練習提供一種向內觀看和探索我們精神和情緒過程的方式。一直到晚期,靜坐冥想才進入西方世界。十九世紀中期,亨

利‧梭羅（Henry David Thoreau）和拉爾夫‧愛默生（Ralph Waldo Emerson）深受東方靈修作品的影響，但他們沒有接受過支持那些文本內容的實踐訓練。1960年代，隨著從亞洲和印度的老師來到西方，以及西方人到東方學習古老內觀藝術的奧祕，正念開始受到更多關注。

喬‧卡巴金（Jon Kabat-Zinn）是我很景仰的老師，我非常珍惜他對我的教導。他於1970年代在麻省理工學院（MIT）就讀研究所時，曾對從世俗世界的正念進行重新構思。卡巴金擁有分子生物學博士學位，他很肯定正念為我們的健康帶來的益處，並竭盡所能地將正念建立在科學基礎之上，以確保它不會被歸類為一種新時代的時尚，或是小眾的東方神祕主義。[10] 他創立了正念減壓中心（Mindfulness-Based Stress Reduction, MBSR），教導有慢性疼痛和壓力相關症狀的人學習正念冥想。

正念是改變你與FOPO關係的基本工具。它可以幫助你深入覺察自己在每個時刻的意念、感覺和情緒，為你創造一個空間，使你對事情做出回應（response），而不是反應（react）。正念既是一種狀態，也是一種技能。它是覺察的

狀態,「源於有意識地、不加評斷地專注於當下」。[11]也是一種技能,可以幫助人們進入那個覺察的狀態。

正念練習幫助在我們的認知和情緒之間創造一個空間,使我們看見事物的原本面目。我們能夠意識到,我們不等於我們對自己的看法。我們不等於別人對我們的看法和意見。我們遠比那一切要大得多,也豐富得多。

我們不需要跑到某個地方才能得到覺察。覺察隨時隨地垂手可得。我們只需要培養出一種能夠自然走進覺察狀態的心理能力。

正念練習大致分為兩種。默觀正念（Contemplative mindfulness）就是不加評判地觀察你的想法。你觀察你內心的想法和情緒如何一起運作。單點正念（Single-point mindfulness）是把注意力的焦點放在單一目標上,最常見的是你的呼吸。但你的目標也可以是任何東西。無論是一個聲音、燭火,或是牆上的某個斑點。

正念練習能使我們更容易意識到,我們是多麼頻繁思考別人對我們的看法。我們開始認知到,是哪些深層的憂慮,形成了我們的想法和行為。我們會愈來愈善於處理那些想

法。我們開始看出是哪些觸發物、條件和思考模式,驅動了我們渴望得到社會的認可。

從想法到行動

——✧——

練習正念。

聽起來很容易,但實際上極具挑戰性。你可以先花幾分鐘嘗試練習單點正念,看看會出現什麼結果。假如你和大多數人一樣,你的思緒會飄到過去和未來,或是你當下突然浮現的某個意念。這些意念有許多都是與他人和我們自己有關的。例如,一個簡單的視訊可能會變成一場毫無目的地的內心之旅,因為我們的思緒會反射性地四處遊走。螢幕的畫面讓我想起了益智遊戲節目《好萊塢廣場》(Hollywood Squares)⋯⋯那個節目的主持人是誰啊?彼得‧馬歇爾(Peter Marshall)嗎?⋯⋯參加這個視訊會議的人,沒有一個人的年紀大到知道我在講什麼⋯⋯從這個鏡頭角度看,我看起來是不是有雙下巴啊?⋯⋯

你的大腦可能會跳上「思緒列車」,這列火車由一連串互相關聯的思緒組成。只需要一個念頭就可以讓列車駛出車站。我從來不曾參與我女兒的任何一場足球比賽,因為我一

天到晚在工作。這列火車在每個車站都會有一個新的思緒上車。為什麼我對我的生活幾乎無法掌控？其他人都可以去看球賽，也騰出時間去度假，而我總是在工作。一個思緒會引出下一個思緒。「目的導向的文化」就像是一個大型機器，而我只是這個機器裡的一個小齒輪。你一旦上了車，這列火車會沿著幽暗的軌道，把你帶到很遠的地方，然後你突然發現，你並沒有到達你希望或打算去的地方。我需要找一份新工作。

在某個時間點，你會注意到你的注意力不再集中於呼吸上。於是你放下那個把你拉走的思緒，把注意力重新集中在你的聚焦點——你的呼吸。這個循環會一次又一次不斷地重覆。

這個練習說明了大腦的分心傾向，以及它持續不斷地掛念他人和他們可能對你的看法。經過幾次正念練習之後，你會更快注意到自己的注意力已偏離了焦點。你將更擅於駕馭你的思緒，並將注意力導向你想要的方向。

如果你想探索一些引導式冥想，請至以下網址下載：www.findingmastery.com/thefirstrule

第二部

突破他人意見的心魔

7
別總以為自己在聚光燈下

「當你意識到別人幾乎沒有在想關於你的事，
你就不會那麼在乎他們對你的看法了。」

——大衛・華萊士（David Foster Wallace，美國作家）

康乃爾大學教授湯瑪斯・季洛維奇（Thomas Gilovich）與同事設計了一項社會實驗，想知道別人是否真的隨時隨地在觀察與評斷我們，這個研究的結果發表於2000年。[1]研究者讓109名大學生受試者個別且獨自進入一個滿是其他同儕的房間。受試者穿了一件上衣，上面印著流行歌手巴瑞・曼尼洛（Barry Manilow）的頭像。研究者知道，在這些學生眼中，曼尼洛是個過時又土氣的歌手，穿這件上衣一定會讓他們覺得「很丟臉」。抱歉了，巴瑞。

穿著這件印有流行歌手上衣的學生從門口走進房間時，實驗的觀察員坐在正對著門口的桌子前。受試者在房間裡與其他人短暫互動之後，就離開了房間。隨後，研究者詢問這名學生：「你覺得在實驗室裡填寫問卷的學生當中，有多少人能說出你的衣服上印的人物是誰？」研究者也問觀察員一些問題，其中一題是，他們有沒有注意到學生穿的衣服上面印的是誰的照片。

研究者預測，穿曼尼洛上衣的學生會大幅高估注意到他們穿著的人數。受試者猜測房間裡大約有百分之五十的人會注意到曼尼洛的照片。而事實上，只有平均不到百分之二十五的觀察者表示注意到受試者穿的上衣。當研究者請其他學生觀看這個實驗的影片，並預估房間裡有多少百分比的人會記得那件曼尼洛上衣，他們的猜測是百分之二十五，他們猜對了。穿曼尼洛上衣出現在同儕面前，這個簡單的動作使這些學生大幅高估了自己得到的關注。

這個現象被稱作「聚光燈效應」（spotlight effect），指的是人們會高估自己的行為和外表受到的關注。[2]我們往往覺得別人非常關注我們，但其實不然。

事實上，我們對自己的關注，遠超過別人對我們的關注。我們覺得有聚光燈照在我們身上，所有的人都在觀察我們的一舉一動，而我們的缺失會被放大，彷彿全世界的人都可以看見。

為何會如此？

潛藏在這個現象之下的，是「自我中心偏誤」（egocentric bias）。我們活在自己世界的中心。我們非常關注自己的行為和外表，而且往往認為，別人也同樣關注我們。這並不代表我們的眼裡只有自己，或是我們很傲慢。我們的世界觀是我們的親身經歷和觀點的產物，而我們會試著透過同樣的視角來理解別人的想法和行動。這使得我們難以精準評估別人對我們的關注程度。

我們高估別人對我們的關注，包括我們的正面行為和負面行為。我們對自己的行為的看法，以及別人對我們的行為的看法，這兩者之間通常有很大的落差。研究者指出：

> 無論是在小組討論時提出一個很棒的觀點、參與的專案很成功，或是在籃球場上完成一次完美的跳

投,我們有時會發現,我們視為傑出且值得被記住的表現,並沒有得到別人的關注或欣賞。同樣的,當我們做出我們不希望別人留意的行為時,也是如此,因為這些行為反映出我們的能力或性格。別人對那些事情的印象,可能不如我們以為的那麼深刻。第一次約會時的「明顯」失禮、排隊時的尷尬絆倒,或是在演講時把一段重要的講稿看錯了──這些行為可能會讓我們覺得很丟臉,並永生難忘,但事實上,通常沒有人會注意到。[3]

聚光燈效應扭曲了我們對於「自己在他人眼中的重要性」的看法,使我們誤判情況,並基於過度誇大的受關注度來做決定。

大家和我有一樣的想法

另一個自我中心偏誤稱為「錯誤共識效應」(false consensus effect)[4],它指的是我們高估了別人與我們的相似

度，包括信念、觀點、習慣或偏好。錯誤共識效應會增強聚光燈效應，發揮推波助瀾的效果。由於我們聚焦於自己的想法，於是我們往往會認為，別人的思維方式也和我們差不多。我們把自己的想法投射在別人身上，以致認為別人會認同我們所說、所想和所做的事，但事實不一定如此。此外，我們認為周遭的人會用我們評斷自己的方式來評斷我們。

我們通常喜歡親近與我們有相同態度和觀點的人，而這個傾向會助長上述看法。這就是所謂的「選擇性暴露」（selective exposure）。我們根據我們認識的人，來評估我們的特質在更廣泛的人群中有多普遍。當我們環顧四周，以了解什麼是「正常」時，我們得到的反饋其實來自一個有偏差的樣本。這樣的結果是，大多數人會認為自己的想法和做法很平常，但事實上並非如此。

定錨難移

聚光燈效應是「錨定與調整」（anchoring and adjustment）的一個例子。[5]錨定的概念最早是由阿摩司・特沃斯基

（Amos Tversky）與丹尼爾・康納曼（Daniel Kahneman）提出，它描述的是人們往往倚賴自己最初接收的資訊來做出後續的判斷。他們錨定在那個資訊上。在這個例子中，他們最早接觸的資訊是他們主觀經歷的聚光燈效應。他們把注意力放在他們認為很丟臉的上衣。當他們意識到，並非所有人都會像他們一樣如此關注那件上衣，於是會調整注意力，但他們的調整無法離開定錨太遠，無法準確評估別人的關注度有多少。

實情是，別人對你的關注程度比不上你對自己的關注程度。別人和你一樣，更關注他們自己。他們想知道自己的髮型是不是亂掉了。他們想知道，你會不會因為他們遲到而對他們產生不好的印象。他們想知道，你是不是很欣賞他們在團隊視訊會議中提出的睿智洞見。他們和你一樣，也活在自己世界的中心。

除非你是卡戴珊（Kardashian）家族的一員，否則你應該不會（如你所想的）受到他人極大的關注、評斷與檢視。

當聚光燈真的照在你身上時

當然,有時候聚光燈真的會照在你身上。你運用有創意的簡報談成了一個大客戶。你坐在公司高階主管的對面,進行第五次、也是最後一次的面談,即將得到你夢寐以求的職位。你正向公司董事會展示新的策略。

我們都會遇到人生中相當於得到個人超級盃或世界盃獎盃的時刻,此時,我們似乎面臨比平時更高的風險。經常有人問我,從表現的觀點來看,究竟要把這些時刻視為站在聚光燈下的精彩時刻,還是與平常無異的平凡時刻?哪一個對我們比較好?

我的答案?兩種架構都很好。不過你需要做出一個根本的決定,判斷你覺得哪個架構對你來說更真實,而且使你有最大的成功機率。

同樣重要的是(這一點常被忽略),無論你採取哪種方法,你都必須預先建立一套客製化的心理能力訓練計畫。培養心理能力的好處是,你的內在體驗不會受制於外在環境。

假如你的首要原則是「這只是與平常無異的平凡時

刻」,那麼你就要制訂可以強化這一點的心理練習。首先,你要界定什麼是理想的心態,用明顯最有效的方式進行自我對話(self-talk),然後加入適當程度的專注力和最佳的內分泌喚醒水平。你的目標是讓你能夠完全掌控自己的狀態。當你建立了理想的心態,就要透過持續練習以達到目標狀態,進而精煉並發展對它的掌控力。在進行心理訓練時,你可以把理想心態視為參考點和目標。你不再受限於任何一種環境,生活的每個時刻都是你培養心理能力的機會。

假如你決定要把那個事件視為「人生中的精彩時刻」,則你不僅要培養心理能力,也還要刻意製造有壓力的情境,好讓自己更接近那樣的時刻。你要創造後果嚴重的高壓時刻,不斷練習。在表現之路不斷加入難題。這個練習的目的是,在身體處於高度焦躁狀態時依然保持內心的平靜。經過長期練習之後,你在高壓力狀況下也能泰然自若。

我們無法掌控人生中會發生什麼事,但我們能掌控自己如何做出回應。

從想法到行動

——✧——

把燈光調暗一些。

當你意識到,大多數人在不同程度上都是在自己的聚光燈下生活,而且關注的焦點不是你,這可以幫助你改寫你的情緒程式設計,並且削弱聚光燈效應對你的影響。一旦你內化了這個概念,你與FOPO的關係就會隨之改變。

問問自己,你是花較多時間評斷他人,還是思考別人是怎麼看待你的?很可能的情況是,你忙著沉浸在自己的世界裡。其實,別人也是如此。人們通常不會注意到或在意那些我們自己非常在意的事情。他們有自己的工作、家庭、孩子、學校、健康問題要操心。對大多數人來說(尤其是對陌生人來說),你一點也不重要。如果真的有人批評你,或看了你一眼,請記住:他們不了解你。他們有自己的事情要忙。

你可以練習把情況翻轉過來,把自己放在別人的位置,體會一下他們的感受。首先,挑選一個你會受FOPO影響的領域。例如,當你被比你年輕或是年長的人圍繞,你會開始

在意自己的年紀。你在一個小組視訊會議中發言，但你一直沒有講到重點。你突然很想在與人的對話中，硬是提及自己過去的豐功偉業，在短暫的尷尬停頓之後，有人基於禮貌（而不是佩服）拋出了一個後續問題。

接下來，想一下你曾看過別人遇到類似情況的例子。把那個人放在聚光燈下，把你自己放在旁觀者的位置。你會對那個人的年紀有任何感覺嗎？如果會，那是一閃而過的念頭嗎？當某個人講話講到不知所云的時候，你會在意嗎？當某人一直在炫耀自己最近的成就，你會強烈批判這種行為嗎？還是你覺得，對方分享的內容還算有點意思？抑或是，你並不以為意，只覺得這是人之常情？對於那樣的時刻，你可能不會花時間多想，你可能會覺得那是平凡無奇的小事，甚至是過目即忘的事。你覺得很丟臉的失態，或是在眾目睽睽之下跌倒，這些只是你說過或做過的事。別人基本上不會有任何感覺，也不會記得。

大多數人只沉浸在自己的生活，根本無暇顧及別人的行為舉止。你感覺到的那道強光，不是別人把聚光燈打在你身上，而是你把聚光燈打在你自己身上。是時候把燈光調暗一些了。

8
別總以為自己有讀心術

「最會欺騙人的,莫過於顯而易見的事實。」

—亞瑟‧柯南‧道爾(Arthur Conan Doyle,英國小說家)

　　我最早開始思考FOPO這個概念,是在就讀研究所的時候。當時我正在攻讀心理學學位,專攻運動心理學。我想了解的,不是阻礙人們表現的因素,而是能夠使人做出卓越表現的特質。

　　我感興趣的是,全世界表現最優秀的人如何在高風險環境中組織他們的內在生活。查爾斯‧林白(Charles Lindbergh)是如何在沒有無線電、也沒有降落傘的情況下,有時飛行高度距離海面只有6公尺,獨自飛行三十四小時、

飛越大西洋的呢？是什麼力量讓珍・古德（Jane Goodall）能夠挑戰性別社會規範，在未知的領域摸索前行，並重新定義人類與動物的關係？歐內斯特・沙克爾頓（Ernest Shackleton）與「堅忍號」（*Endurance*）探險隊員是如何用長達近兩年的時間，在險象環生的遠征南極任務中存活下來？

我熱愛我的研究領域，但傳統心理學的汙名似乎籠罩著心理學界。在近一百年之前，我們會把所謂的「瘋子」關起來，即使是現在，我們的文化依然對「心理健康」抱持過度負面的看法。去看心理醫生普遍被視為道德缺陷或性格軟弱。一般人的看法是，心理學是用以治療心理疾病，而不是提升表現、投資於個人福祉，或是讓人發光發熱。

心理學界流傳下來的傳統規則，導致人們對這個領域產生誤解。心理學是一種見不得人的東西。案主進到安靜的密室，向一位專業人士揭露自己的內心世界，而這位專業人士發誓，絕對不會公開承認見過或認識這位案主。如果案主在諮商室之外的地方遇見心理醫生，這位心理醫生應該不發一語地像個鬼魂般擦身而過，除非案主主動打招呼。這就像《鬥陣俱樂部》的規則：心理學的第一條規則就是，不要

談論心理學。這個行業的保密原則在無意中製造了一種羞愧感。

這個行業有成文和不成文的規定、傳統和做法，由從業者、法律，以及一個管理機構嚴格遵行。我應該要乖乖遵從。但我想要改變這個情況，我想要讚揚心理學的好，使它不再活在陰影下。但我擔心，假如我違背了既有做法，其他同業會怎麼想。於是，我在畢業後開始往運動心理學的邊緣地帶發展。我開始在極限運動領域工作，這是一個似乎仍在制定規則的前沿領域。

我有幸受邀與一位頂尖的綜合格鬥（mixed martial arts, MMA）運動員合作。經過五個月的集訓，我們的團隊在完成最後一次訓練後，搭機前往拉斯維加斯參加比賽。我們提前三天抵達，以便量體重、接受媒體採訪，以及進行一些現場訓練。

比賽當晚，格鬥運動員、他的訓練師和我在休息室進行了完整的賽前例行準備：身體的暖身、技術的暖身，以及心態的暖身。在最後一項，格鬥運動員調整心態，鎖定在他的參賽目的，然後在進入格鬥場之前，「切換」到他的理想競

爭心態。

從休息室走到綜合格鬥鐵籠的那段路，有可能讓一個格鬥運動員喪膽。聚光燈照在他的身上，現場的音樂震天價響，現場觀眾的吼叫聲可以讓你頸背的汗毛豎立。競技場內有近二萬名嗜血觀眾熱血沸騰（數百萬名在家看轉播的觀眾也是）。兩位格鬥運動員投身於這個高度衝突的時刻和貨真價實的戰場，群眾散發出沸騰的狂熱能量。儘管格鬥運動員展現出強大的自信，作出虛張聲勢的動作，但他們在戰鬥前感到焦慮，是很常見的事。你即將進入一個鐵籠，面對一個技能最強的格鬥運動員，而他的目標是用暴力迫使你投降，這個場面有可能讓人極度緊張焦慮。

對世界一流的運動員來說，細節很重要。我們不僅趁競技場空無一人的時候，排練走這段路排練了三次，我們甚至在比賽的幾個月之前，就開始用心像練習走這段路。在進行心像練習時，運動員會動用五種感官，來練習自己想要有哪些感受和表現，練習的範圍不僅包括鐵籠內發生的事情，還包括進場比賽之前的情況。他在準備室暖身時要有什麼感覺。當攝影團隊和保全加入行列，和他一起等待進場時間來

到,他此時要有什麼感覺。當他走進競技場,聽到如潮水般湧現的群眾呼喊和噓聲時,他又要如何自持。

我們的團隊為這一刻已做了充足準備,甚至連步上階梯、進入鐵籠之前與別人擁抱和握手的部分,也都練習過了。但是,我們唯一沒有練習的是,在擁抱之後,教練要待在哪裡。

比賽當晚,上台之前的那段路完全按照我們的計畫進行。我們走到八角鐵籠旁邊之後,便和格鬥運動員分開,現場活動的技術協調員引導我們,經過攝影機前面,來到教練的座位。

比賽開始的鈴聲響起,我們的格鬥運動員精準執行他經過多次想像練習的作戰計畫。為了保存體力,他幾乎沒有做任何不必要的動作。他不斷切換攻擊方式,使得經驗比他更豐富的對手無法辨識他的動作模式。當對手的情緒愈來愈激動,他卻出奇的冷靜。他的對手遠比他更受觀眾喜愛,但是他帥氣擊敗對手,宣告他的時代來臨。我們的團隊都興奮得不得了。

這幾個月的努力有了回報。當我選擇在極限運動領域工

作時,已偏離了運動心理學家的常規道路。我後來發現,極限運動領域是個很棒的實驗室,它可以幫助我們了解人的心智在壓力下如何運作。在這個敵意高漲的環境裡,我們幾乎沒有犯錯的空間。運動員的心理能力(冷靜、自信、專注、覺察)必須保持在非常敏銳的狀態,否則將付出巨大的代價。比賽當晚在開車回家的路上,我在心裡暗自慶祝這場勝利。這時,我接到我的導師打來的電話。他一開口就說:「傑維斯,我在電視上看到你走在運動員的後面,你為什麼這麼做?」

這句話迎頭痛擊、讓我猝不及防,證實了我最擔心的事情。我的導師是在心理學界備受尊敬、地位崇高的人物,他想讓我知道,心理學是屬於關起門來的事。他認為我所做的事在這個領域是不恰當的,這讓我感到很難堪。我想慶祝比賽勝利的心情瞬間消失,當下只想挖個地洞鑽進去。

我回到飯店後,立刻打電話給我的太太麗莎確認自己的狀態。麗莎是我高中時期交往的女朋友,我們已經結婚十年了。麗莎有古巴和薩爾瓦多的血統,個性直爽,直言不諱。當我需要釐清事實時,總會先詢問她的意見。她簡潔地回答

了我一句:「去他的。」

風向改變

麗莎的反應把我從混亂狀態拉出來,但我的導師的看法多年來一直在我的腦海盤旋。在過去這十年來,我都盡量遠離媒體,我不想被人認為是自我膨脹的人。

後來,媒體開始對人的大腦及其說故事的能力,愈來愈感興趣。這是有道理的。在精英級別的運動中,比賽靠的是大腦。勝與敗的差距往往在毫釐之間,而且取決於運動員運用心智的能力高低。肢體只是精神狀態的延伸。

我參與的幾個計畫引起了媒體的注意,使我意識到公共對話有助於消除心理學的汙名,以及促進心理學的發展。我曾參與奧地利高空跳傘運動員菲利克斯・保加拿的紅牛平流層計畫(Red Bull Stratos project),他在距離地面39公里的平流層,從加壓艙一躍而下,靠著降落傘平安降落地面,成為在沒有機械設備的協助下超越音速的第一人。

我與美式足球隊西雅圖海鷹(Seattle Seahawks)合作,

成為第一位完全融入球隊並在國家美式足球聯盟場邊服務的心理學家。九年來，我協助教練皮特・卡羅爾（Pete Carroll）形塑以關係為基礎的球隊文化，並使心智訓練成為該球隊基因的一部分。

當凱莉・詹寧斯與米斯蒂・梅崔納成為美國第一個連續三年贏得奧運沙灘排球冠軍的組合時，他們公開談到了我們一起進行的思維訓練。

後來，我製作「尋找大師」播客節目，幫助民眾認識心理學。我每週都會探討邁向專精所涉及的心理學架構和心理能力。

我發現同事們對於我向大眾揭開心理學的神祕面紗給予極大的支持。當然，在這個行業裡，還是有一些死忠支持者努力捍衛既有做法，希望一切維持原樣。不過，我意識到，我其實是把自己大部分的恐懼投射到別人身上。實情是，對於打破傳統，我有我自己的內心獨白和評斷。我算哪根蔥，竟然想挑戰前人的智慧？

多年前，我曾向自己發誓，將來如果有一天遇到我的導師，我一定要跟他問清楚，他對我說的那些話是什麼意思。

他的意見對我來說有著極大的意義和重要性。對我而言，他代表心理學的權威。他就像是把十誡石版拿下山的摩西。他到底是什麼意思？他的目的是希望我知所進退嗎？他視自己為心理學傳統的掌門人嗎？我不按牌理出牌，讓他覺得很丟臉嗎？他認為我越界了嗎？他是把他自己的內在衝突投射在我身上嗎？

然後，機會來了。我在一場很受重視的會議演講，當我走下台時，我看見他坐在第一排靠近會場邊緣的位子，獨自一人。我們對視了一眼。我心想，我要用這個機會找出答案，了解他當年到底是什麼意思，以及他為何說那些話。在會議後交流時間，我們再次對視，但他坐在那裡不動如山。我意識到：他要我過去找他。當人群散去後，我走向他，他的個子看起來比我印象中更小，甚至有點瘦弱。他蓄了鬍鬚，戴著眼鏡，身穿人字紋粗毛呢西裝，就像扮演某個十九世紀心理學家的角色。

當我們真的面對面時，他多年前對我說的話突然不再令我焦慮。在那一刻，我一點也不在乎了。我居然把這件事放在心裡這麼多年，幾乎變得有點可笑。我和他聊了幾分鐘關

於心理學領域面臨的挑戰,接下來我們握了手,然後我就離開了。

這麼多年來,我一直把他的看法放在心上,念念不忘。他的看法影響了我做出或沒有做出的職業選擇,以及我接受或放棄的機會。為了什麼?為了一個意見,而這個意見未必是他真正的看法。

防衛還是探索?

我的導師在十多年前給我的意見,在當時似乎很明確。傑維斯,心理學的執業是屬於私人、關起門來的事。你破壞了不成文的規定。你要安分守己。

我永遠不會知道他真正的想法是什麼,不過,答案一點也不重要了。重要的是我做出的回應。我當時沒有能力對他說的話感到好奇。我當時知道他說了什麼。我當時很確定知道他是什麼意思。他說的話就像電流一樣穿透我全身。我直接做出反應。我沒有為自己辯護,但我採取了防衛的立場。為了保護自己,我限縮自己,小心謹慎,發誓再也不讓自己

受到那種批評。

當我們握手道別後,我開始審視,他說的話為何對我造成這麼大的影響。我為何如此在意他的看法?我為何讓一個外在事件決定了我的內在體驗?這如何幫助我更了解自己的內心世界?

從我讀研究所之後,就一直遊走在兩條路上,一條是我想走的路,另一條是我應該走的路,這條路上有著各種路標、規則和傳統。我想不出如何解決這個難題。它就像是一個禪宗公案:我們如何既遵守規則,同時又打破規則?

我的導師觸發了我長期以來的一個心結。我很擔心,假如我違反了心理學界的規矩,別人會怎麼看我。我的心裡有一個對話反覆不斷進行,假如我不乖乖留在我選擇的路,「他們」(在我選擇的領域中定義模糊但握有大權的一群人)會說什麼?我可以聽見愛因斯坦的名言在我的腦海不斷迴響:「有一個問題不時令我感到疑惑:瘋狂的人是我,還是其他人?」當我的導師在那場比賽後對我滔滔不絕,我卻賦予他的話意義、重量,以及我自己的解讀。他對我在格鬥運動員登場時待在身後的責備,更加強化了我本就懷有的那種

強烈信念。

他闖入了我的心裡正在進行的一個故事。

讀心術

人類擁有一種獨特的認知能力，能夠思考自己的想法和別人的想法。我們能對別人的心理狀態（他們的意圖、思想、感受和信念）加以推論，藉此「了解與預測他們的行為」。我們在一天中的每一次社交活動中都這麼做，幾乎是不假思索的。

我們辨識出別人可能在想什麼的能力，是我們社交互動的基礎。這是一項重要的社交技能，大多數人從小就開始發展這個能力。哈佛醫學院神經外科副教授席夫・威廉斯（Ziv Williams）醫師指出：「當我們與人互動時，我們必須能夠預測出別人沒有說出來的意圖和想法。這種能力要求我們在腦海中描繪出別人的想法，包括承認那些想法可能與我們自己的不同，並評估它們的真假。」[1]

我們每個人都有讀心術，有些人的能力又比其他人的更

強一些,但我們真的善於看出別人在想什麼嗎?[2]芝加哥大學教授尼可拉斯・艾普利(Nicholas Epley)博士與同事設計了一個簡單的實驗,以找出答案。

艾普利邀請許多對伴侶,將男方安排在一個房間,女方安排在另一個房間。其中一方要回答二十道問題,他們必須回答同意或不同意,程度從一(非常不同意)到七(非常同意)。[3]問題包括「假如我的人生能夠重活一次,我一定會做出不同的選擇」、「我想在倫敦或巴黎住一年」,以及「我寧可待在家休息,也不想出去參加派對」。在隔壁的房間裡,另一方則要預測他們的另一半會如何回答每個問題,還要預估自己能正確預測多少問題。

這些伴侶在一起的時間平均為10.3年,這樣的時間長度使得這個研究結果變得非常有趣。其中有百分之五十八的人已婚。照理來說,比起陌生人,他們應該更了解自己伴侶的想法,否則,他們一起回家的路上應該不好過。

正如所預料的,伴侶們推測另一半想法和感覺的能力,比隨機猜測要好,但並沒有好多少。隨機猜測答對的題數是2.85題,而伴侶們則在二十題當中答對了4.9題。

比起他們讀心術的準確性，更令人深思的是他們預測自己答對的能力，與他們真正答對的能力有很大的落差。他們平均答對了4.9題，但他們預測自己答對的題數平均為12.6題。換句話說，我們高估了我們對別人想法的了解程度。正如艾普利所說：「問題在於，我們對這種能力的自信心超出了我們的實際能力，而我們對自己判斷力的信心，也很少能幫助我們了解自己真正的判斷精準度。」[4]

艾普利的實驗顯示，我們的讀心能力實在欠佳。而且，他找來猜測他人想法的並非陌生人，而是朝夕相處多年的夫妻，是那些熟知彼此生活細節的人。

假如我們預測身邊親近的人在想什麼都嚴重失準，那麼試想一下，我們預測朋友、老闆、同事、老師和陌生人對我們的看法，準確性會有多差？

重點是，我們花費很多時間和精神，反覆想著那些我們非常可能誤判的事。根據我與高績效人士共事的經驗，我可以說，我從未遇過一個高績效的讀心者。事實上，我們在這方面都不擅長。

有一種極為常見的想法是，我們「知道」別人在想什

麼,也「知道」他們對我們的看法是什麼,這個想法往往是點燃FOPO大火的那根火柴。我們急著按照或許可能錯誤的想法採取行動,或是做出反應。我們很肯定知道別人對我們有什麼感覺,然而,除非他們真的說出自己的想法,否則我們的「知道」也不過只是猜測罷了。通常的情況是,我們只是把自己的想法串成一個故事,並透過這個故事來理解當下的世界。它只不過是我們對那個內在經歷的解讀而已,而那個解讀通常是被誤導、扭曲,或是完全錯誤的。套用諾貝爾獎得主、心理學家康納曼的話:「一般來說,我們對自己的觀點、印象和判斷過於自信。我們誇大了這個世界的可知性。」[5]

直接問,而不是憑直覺

或許,我們只需要換位思考,就可以了解別人的想法。艾普利和瑪麗‧史泰弗(Mary Steffel)博士及泰爾‧伊亞(Tal Eyal)進行了一連串的實驗,想了解當我們主動採取別人的觀點,能否幫助我們更準確預測別人的想法、感覺、

態度，或是其他心理狀態。[6]戴爾・卡內基（Dale Carnegie）於1935年出版的經典勵志著作《人性的弱點》（*How to Win Friends and Influence People*）鼓勵讀者朝著那個方向嘗試。[7]書中的第八個原則是「試著如實的從別人的觀點看事情」。假如我們從別人的心理觀點如實的想像，我們會更了解別人心裡在想什麼，這似乎是合情合理的事。

嗯，不完全是。

艾普利等人的實驗結果發現，沒有證據表示，主動從別人的觀點思考，可以有系統地提高讀懂他人想法的能力。「若真要說有什麼區別的話，那就是換位思考降低了我們整體的判斷準確度，而且有時會提高我們對自己判斷能力的信心。」[8]

是什麼妨礙了我們看出別人想法的能力？是什麼阻礙了我們真正知道別人的意見，並憑直覺猜測他們的話語隱含的意圖和意義？我們所做的，是企圖破解全宇宙最複雜的適應性系統。根據加州大學聖地牙哥分校「大腦與認知中心」（Center for Brain and Cognition）主任暨神經科學家拉瑪錢得朗（V. S. Ramachandran）的說法，人類大腦預估有八百六十

億個神經元。每個神經元可以透過突觸，與大約一千到一萬個神經元直接連結。[9]

人的大腦極其複雜，艾普利等人的研究發現，有一個策略非常好用，可以幫助我們了解別人的腦袋在想什麼。

直接問。

與其站在別人的觀點思考，不如直接詢問對方。要準確洞悉別人的想法、話語、信念和意見，最好的方法是請對方「在一個能夠誠實且準確表達的環境中，描述他們腦海裡正在發生的事情」。[10]因此，如果你想知道別人的想法，不要猜測，直接詢問並傾聽。

如果我在多年前對我的導師採取這個策略，直接詢問他的意見，而不是假定我的解讀是正確的，我一定受益無窮。我或許不一定能完全了解他的真實想法，但我可能會更了解我自己的真實想法。我們解讀他人意見的方式，通常反映出更多關於我們自己的事，而不是表達意見的那個人。但我們卻沒有意識到這一點。我們的解讀變成了「事實」，而我們也失去了對此保持好奇心的能力。我們沉浸在自己的故事裡，並且把焦點放在對方身上，而不是我們自己。

假如我直接詢問我的導師,我就能更完整且準確地了解他的想法和感受。這或許能開啟一種可能性,不僅僅是與他保持關係,而是建立比當時更深厚的關係。假如我當時追根究柢,或許我會發現,他其實和我一樣,也想去除心理學的汙名和羞愧感。誰知道呢?一切皆有可能。不過,可以肯定的是,我當時的反應(**斷絕聯繫**)排除了與他建立關係的任何可能性。

　　或許更重要的是,我可以藉由與他互動,對我自己有更深入的了解。如果我把注意力放在我的感覺,而不是他的意見,我就有機會釐清、審視並表達自己對於即將展開的職業生涯所抱持的複雜感受。把自己展現出來是 FOPO 的解方,因為 FOPO 是由消極和投射所滋生的。

　　別人的意見對我們有多少影響力,取決於我們願意讓那個意見產生多少影響力。多年前在拉斯維加斯的那個夜晚,我給予導師的意見太多的權力。我本可以選擇另一條不同的道路,而那條路始於直接開口詢問。

從想法到行動

——✧——

　　如果你想測試你的讀心能力，不妨試試。去找你的伴侶、朋友或主管（如果你想讓這個測試更刺激的話），問他們可否讓你猜測他們在想什麼。

　　準備好紙筆，讓我們來玩讀心遊戲吧。流程如下：

1. 做好準備：找一個舒服的空間，把某個物品放在你們兩人之間。可以是任何物品，像是手機、蠟燭、一串鑰匙，普通的日常物品就可以了，目的是用來誤導對方的注意力。準備好大顯身手吧。
2. 選擇你的讀心方式：決定你要用什麼方式發揮你的讀心能力。你可以選擇閉上眼睛，專注你的心思；或是選擇張開眼睛，觀察對方的細微提示和表情。找到最適合你的方式。
3. 想法和印象：請對方專注在某個想法，並把它寫在紙上。它可以是任何浮現腦海的事物，無論是文

字、畫面，甚至是回憶。鼓勵對方用想像力深入探索。接下來，請對方形成一個關於你的意見或想法，然後寫下來。這將在個人層面上挑戰你的讀心能力。

4. 發揮你的讀心能力：展現讀心能力的時刻到了。與對方分享你認為他們最初的想法是什麼，以及他們對你形成的看法。請以清楚且有自信的態度，表達你的見解和感知。

5. 比對：最後，將你的感知與對方的實際想法進行比較。你揭開對方內心祕密的能力如何？你是否已經準備好辭掉現在的工作，開始掛牌營業？

在某種程度上，我們每個人都曾試著看透別人的心思。我們不斷試圖看出別人在想什麼。我們仔細審視別人的措辭、語氣、臉部表情、姿勢、行為和選擇，藉以尋找線索。有些人能意識到這個活動正在不自覺情況下發生，於是他們提高挑戰的難度，試圖控制或引導我們。這是一個關於隱藏、發現與揭曉誤解的心照不宣的遊戲。[11]

思考別人在想什麼的能力，是讓我們成為深度社會性動物的部分原因。但我們的能力好嗎？並非如此。當然還沒好到我們應該根據自己推測另一個人內心想法來制定生活決定和策略的地步。直接開口問就好。

9
察覺自己的確認偏誤

「人類最擅長的是詮釋所有的新資訊，
好讓自己原有的看法保持不變。」

―華倫・巴菲特（Warren Buffett，美國投資家）

2015年，西西莉亞・布利斯戴爾（Cecilia Bleasdale）在英格蘭蘭開夏（Lanchasire）的一個小村莊，想買一件可以參加女兒婚禮的洋裝。她用五十英磅買了一件洋裝，拍了照，連同另外兩件她本來有考慮的洋裝也拍了照，然後把這三張照片傳給女兒。她的女兒問她是否買了那件「白金雙色洋裝」。她回覆說：「那件洋裝是藍黑雙色。」她女兒說：「媽，如果你覺得那是藍黑雙色，那你需要去看醫生了。」[1]

她的女兒把那張照片放上臉書。兩週後，婚禮在蘇格蘭

順利舉行,沒有太多人注意到西西莉亞的洋裝。但新娘的朋友凱特琳・麥克尼爾(Caitlin McNeill)對那件洋裝一直很在意,於是把照片放上Tumblr,請網友幫忙確認這件洋裝的顏色。隔天,這張照片在網路爆紅,引發熱烈討論。連肯伊・威斯特(Kanye West)、金・卡戴珊(Kim Kardashian)和泰勒絲(Taylor Swift)都加入這場論戰。網站Buzzfeed甚至必須聘請一個技術團隊入駐,以防止伺服器癱瘓。[2]最後連《艾倫秀》(*The Ellen DeGeneres Show*)也邀請西西莉亞上節目。這件洋裝成了全球性的熱門話題,包括科學界。為何世人對這件洋裝會有兩種截然不同的看法呢?

感知並非被動的

神經科學最終提供了答案:感知是因人而異的。

每個人對那件洋裝顏色的認定,取決於他們的大腦對周圍光線以及洋裝是如何打光的假設。[3]我們從照片無法斷定,那件洋裝是放在以強光為背景的陰影中,還是整個房間很亮,以至於洋裝的顏色被淡化了。

在欠缺事實資料的情況下,我們的大腦會做出假設與推論,把欠缺的部分補起來。我們在意識層面所感知到的,其實是那些推論的結論。我們的結論是建立在假設之上,也就是建立在信念之上。

這個原則可以延伸到視覺以外的領域。

我們往往認為,感知就是接收感官資訊,然後將其拼湊起來,形成我們試圖感知的事物。這稱為由下而上的歷程。我們一開始對所看到的東西並沒有先入為主的概念,是後來才讓那五種感官接收到的資訊產生意義。

接下來,我們的感知功能會引導我們的認知理解。例如,你拿到一盒拼圖,盒蓋上沒有完成的拼圖樣貌。[4] 你觀察每一片拼圖,然後將它們拼在一起,逐漸地,一個可辨識的圖像開始成形。

實際上,大腦不只是被動地感知現實世界,它會透過「信念」這個過濾器來創造現實。我們藉由脈絡、過去的經驗、知識,以及期待,來解讀新資訊。

當我們還小的時候,大腦就開始為外在世界建立模擬畫面或模型,為將來作準備。[5] 大腦不喜歡預料之外的事,它

會根據我們的心智模型預測接下來會發生什麼事。這些預測成為我們體驗周遭世界的重要過濾器。資訊並不是由下而上冒出來，而是由上而下的預測機制會成為過濾器，形塑我們當下的經歷。我們根據從心智模型產生的信念，透過解讀的過程來體驗人生，這和我們感知西西莉亞洋裝的歷程很像。

感知是一個建構的過程，而我們建構出來的東西，往往是對現實的曲解。我們看見的並非事物的真實面貌，就如同我們看待西西莉亞的洋裝一樣。在丹尼爾・西蒙斯（Daniel Simons）著名的「不注意視盲」（inattentional blindness）實驗中，我們看不到從一群傳接籃球的人中走過的大猩猩。[6]即使月亮的大小不會改變，但我們往往會覺得，在海平面上的月亮比高掛在天空的月亮更大。

我們通常只感知「我們期待會感知到的，而不是實際存在的東西」。正如約克大學心理學教授詹姆斯・艾爾卡克（James Alcock）所寫的：「我們的想法與感覺、行動和反應，並非對真實世界的回應，而是對我們所認定世界的回應，因為我們永遠無法直接認識現實世界。」[7]

過濾器

同樣的,我們感知與解讀他人意見的方式,也完全取決於我們的信念和偏見。套用艾爾卡克的話來說,在大多數的情況下,我們並非按照別人的真實想法做出反應與回應,因為我們不知道別人在想什麼;相反的,我們回應的其實是我們所認定的他人想法。我們的信念成為一種過濾器,我們透過這個過濾器來解讀他人的意見。

若要了解我們的信念如何助長FOPO,重要的是要意識到,FOPO其實是一種先發制人的流程。當我們想要提高人際關係的接受度,並避免被人拒絕,我們會先試著預測別人對我們的看法。我們在社會環境中不斷探測,是否有任何跡象顯示,環境中出現了威脅或機會。我們的總體目標是盡量提高被接納的可能性,同時避免被人嘲弄、取笑、虐待、霸凌、孤立,或是排擠。我們處於高度警覺狀態,在周遭環境中搜尋最微小的線索,以便先發制人地接受、改變或拒絕他人的意見。我們的焦慮源自未知。正如知名導演希區考克(Alfred Hitchcock)所說:「爆炸並不可怕,可怕的是對爆炸

的預期。」

那些對我們不利且可能帶來威脅的意見，我們希望在尚未出現之前，就先將其扼殺（儘管它有可能不會出現）。我們不確定別人意圖的好壞，所以我們唯一能倚靠的，是我們對於他人想法的解讀，而且我們的解讀是根據我們對自己及人性的信念系統。面對威脅時，我們往往會更堅持自己的信念。我們通常會在周遭環境中搜尋與我們已知資訊吻合的證據，並透過這些證據來辨識別人在想什麼。

我們認為別人在想什麼，有時會與別人真實的想法有落差。我們對他人意見的解讀，反映的更多是我們的內心以及我們的信念，而不是他人的想法。如果我們相信某件事會發生，並在事情發生之前先發制人採取行動，我們其實促成了一個心理學現象，稱為「人際期望效應」（interpersonal expectancy effect）。

這並不是某個形而上的概念，而是人類的心智和大腦運作的方式。假設你的一個好朋友陪伴你度過了人生中某個艱難時期。在你最脆弱的時候，他展現了無比慷慨與貼心的行為。幾年後，這位好友遇到了人際關係的劇變，而你被工作

纏身，忙得不可開交。他不是那種會主動向別人求助的人，而且他的身邊有很多人愛他、支持他。你與他見面的次數漸漸減少。經過一段時間之後，你產生一種自責的想法，覺得他認為你在他有需要的時候沒有挺他。這個想法沒有證據支持，但你開始疏遠他。你對你們的友誼開始感到不自在。你不再臨時起意跑到他家去拜訪。你們兩個人漸行漸遠。

在這個情況下，你編了一個故事，並採取了與你預期會發生的結果一致的行動（疏遠他，不再去他家拜訪）。

確認偏誤

人類大腦傾向於以支持自身既有信念或期待的方式，來尋找、解讀並記住資訊，這個現象被稱為「確認偏誤」（confirmation bias），是英國心理學家彼得・華生（Peter Wason）於1970年所提出的術語。華生進行了一系列的研究，發現人們喜歡尋找可以確認自己既有想法的資訊，並且會忽略或不理會無法確認他們既有信念的資訊。[8]人們大多不會覺察自己有確認偏誤，所以通常不會知道自己的偏見從

何而來,以及有何影響。[9]

　　我剛學到確認偏誤這個概念時,我發現確認偏誤無所不在。抱歉,這是研究所愛講的笑話,但它多多少少說明了這個概念的精神。人們通常會去尋找可以支持自己既有信念的證據,而不是尋找挑戰自己既有信念的證據。

　　長久以來,確認偏誤一直被認為會影響我們的想法和行為。文藝復興時期哲學家法蘭西斯・培根(Francis Bacon)使科學方法論廣為流行,他在四百多年前就發現了這一點:

> 人們一旦採取某個意見(無論是因為那是普遍接受的意見,還是因為它符合自身的想法),便會將一切其他事物都引導來支持並附和該意見。即便有許多更具分量的相反例子存在,人們也會予以忽略和輕視,或是在某種程度上把它們晾在一旁,拒絕接受,以便藉由這個堅定且有害的預設立場,使原有的結論不被破壞。[10]

　　過去五十年來最有影響力的心理學家康納曼認為,我們

的思考方式與視覺感知非常相似:「在視覺感知中,有一個壓制模糊性的過程,因此會選擇一種單一的詮釋,而你並不會察覺那其中的模糊性。」[11]以圖9-1的鴨兔錯覺為例,它因美國心理學家約瑟夫・賈斯特羅(Joseph Jastrow)而聲名大噪。人們在觀看這個圖形時,無法同時視之為一隻鴨子以及一隻兔子,儘管這兩種動物有著截然不同的特徵。我們的大腦會在「看見兔子」和「看見鴨子」之間來回切換,兩種動物的形像無法同時存在。

圖 9-1　鴨兔錯覺圖

資料來源:Creative Commons

「當你產生某種詮釋,並採用這個詮釋,你的大腦就會透過由上而下的歷程,讓所有一切符合那個詮釋。」康納曼說。「這是一種我們已知在感知中會出現、用來化解模糊性的過程,而在思考中發生類似的過程,也是極為合理的推論。」[12]

這種認知偏誤有一部分來自捷思法(heuristics),它指的是,我們的大腦需要找到最有效率的方式,把所接收到的大量資訊加以整合。捷思法會產生穩固的神經傳導通路,使我們偏好速度和效率,而不看重準確性;偏好熟悉事物,而不喜歡陌生事物。

在人類演化史中,我們有很長一段時間需要保持高度警覺,隨時偵測環境中是否有任何事物對我們的生存產生威脅。當你聽見樹枝折斷的聲音,如果你馬上斷定那是老虎躲在樹叢裡,你有可能因此逃過一劫。在現代社會,當我們沒有時間找出明確且大量的資料來做出判斷時,這種思考捷徑也很管用,不過也可能使我們偏離正軌。

舉例來說,我曾與一位新創科技公司的執行長合作。他與工作的關係嚴重損害了他生活的其他面向。他堅信,唯有

長時間努力工作，才有可能成功。這家公司的銷售額在前兩季大幅下滑。在檢討之後，他得出的結論是，業績下滑是銷售團隊的自滿和工作時數減少的結果。

他有證據可以支持這個結論。公司採用混合工作模式，這使得他難以直接監督員工的工作情況。不過他知道，他的銷售團隊因為調節在家遠距工作的需求，在平常上班日的工作時數變少了。他決定要求所有人回到辦公室上班，結束遠距工作的實驗性做法。結果，銷售數字並沒有提升，反而是成本提高了。有兩位頂尖銷售員決定離職，因為他們不想回到辦公室上班。員工的士氣和心情都跌落谷底，因為突然要求他們回公司上班，使得他們感到焦慮。

公司請來一位管理顧問，以便深入了解業務單位遇到的瓶頸。這位顧問因為能與員工進行坦誠的對話，所以很快就發現問題不在於員工的自滿。這位執行長過度看重某些證據（上班日的工作時數減少），但他沒有發現，遠距工作員工的工作總時數其實變長了，因為他們在週末和下班時間仍然會工作。

而真正的問題出在過勞。公司全年無休的工作文化，導

致員工在情緒、身體和心理層面都耗盡了。這位執行長的認知偏誤不僅使他對員工的福祉渾然不覺，還讓潛在問題加速惡化。

超越信念

信念是我們視為正確無誤的想法或觀念。我們透過信念，將這個無限大的世界篩選成我們對現實世界的特定感知體驗。我們會為自己的信念而戰。我們會為了自己的信念入獄。我們會為了自己的信念步入禮堂。有些信念會賦予我們力量，有些信念則會限制我們的發展。歸根究柢，所有的信念都會限制我們，即使是那些賦予力量的信念也是如此，因為它們藉由定義我們來限制我們。

每當我們意識到某人對我們的看法可能會構成威脅時，我們便面臨一個選擇。我們究竟要證實並強化我們的信念系統（這有可能引發我們的FOPO），還是要選擇以好奇心來面對？我們要藉由過去經驗的濾鏡來解讀這個時刻，還是要以從未見過的方式來體驗？因為我們確實從未見過。這是一個全新的時刻。

我們都有偏見

我們對不同的人事物或想法都會有偏見、偏好或反感，其中有些是我們渾然不覺的。如果你不這麼認為，請問問自己對以下這些人的感覺如何：

- 支持美國全國步槍協會（National Rifle Association）
- 認為跨性別女性運動員應該能夠參與運動競賽
- 認為小學生不應該被迫在升旗典禮時站立
- 認為氣候變遷的概念是個騙局
- 主張解決遊民問題的唯一方法，是開發公共住宅
- 主張要強制接種疫苗
- 開電動汽車
- 喜歡貓勝過狗

當你閱讀這份清單時，心中可能浮現了某些信念或感覺。我們的大腦會自動將事物加以分門別類，以及分成「喜歡的」和「不喜歡的」。

從想法到行動

―― ✧ ――

若要更了解確認偏誤如何形塑你對他人意見的解讀，你可以主動尋找挑戰你既有信念的資訊。你的任務是，重新審視別人對你的看法。它可以是別人直接表達的意見，也可以是別人沒有說出來、但你感覺到的意見。例如，我的老闆覺得我對她產生威脅，所以她沒有讓我加入新客戶的團隊。她的觀念很老派，採取由上而下的管理方式，喜歡掌控一切，不喜歡授權給別人。

把這些想法分成兩個部分：你的信念和對方的意見。先檢視你的信念。我的老闆覺得我對她產生威脅，而且喜歡掌控一切。很有可能這不是你第一次有這種想法。你過去應該遇過一些可以支持這個想法的事情。請你想想，是否有其他經歷影響了你對老闆的看法。把可以支持你的想法的證據寫下來。這個證據可能非常廣泛和一般化。所有的公司都想要由上而下掌控一切。也可以是你在前公司的經驗。我的老闆從來不會挺我，他只在乎他自己。也可以是你與老闆互動的

某次經歷。當我說到我對新客戶很感興趣時,我看到她翻白眼。又或許是,以上皆是。

無論你的證據是什麼,請記住,這些信念是你解讀意見的過濾器。

現在來檢視對方的意見。在上述例子中,你的老闆不希望你加入新客戶的團隊。想想有哪些其他的解讀,可以解釋她為何沒讓你加入那個團隊。即使你認為不是真的,也要試著接受這些想法。盡情發揮你的想像力,把它當作一個創意寫作練習。我的老闆真的很看重我,但因為她對另一位主管有其他的承諾,所以她無法讓我加入團隊。她希望把我放在一個能讓我真正茁壯成長的環境中。她翻白眼是因為她對於無法讓我加入這個團隊感到很沮喪。

你的任務是,試著從另一個觀點來理解這個經驗,並從你既有的、可能會影響你感知別人對你看法的確認偏誤中掙脫出來,哪怕只是暫時掙脫也好。

10
讓自己與更大的格局連結

「沒有人是一座孤島，可以自全；
每個人都是大陸的一塊碎片，整體的一部分」

―鄧約翰（John Donne，英國詩人）

在1998年棒球賽季結束後的那個冬天，棒球明星貝瑞‧邦茲（Barry Bonds）到隊友兼多年好友葛瑞菲（Ken Griffey Jr.）在佛羅里達的家中共進晚餐。在前一個球季，邦茲親眼目睹馬克‧麥奎爾（Mark McGwire）打破了美國職棒大聯盟的全壘打紀錄，而事後證實，麥奎爾是因為類固醇才辦到的。

在餐桌上，邦茲表達了他對於比賽環境不公平的沮喪，並且令人意外地承認：「我在去年球季的表現非常優秀，但

是沒有人注意到。一個人也沒有。我雖然對麥奎爾、坎賽柯（Jose Canseco），以及其他所有使用類固醇的球員多有抱怨，但我已經累了，不想再撐下去了。我今年就要三十五歲，只剩下三、四個黃金球季，而我想要獲得應有的報酬。我要開始使用一些強效的藥物，但願那不會傷身體。然後我就要退休。」[1]

邦茲陷入數學家阿爾伯特・塔克（Albert Tucker）所說的「囚徒困境」（the prisoner's dilemma）。[2] 囚徒困境源自賽局理論，但六十多年來，它一直被心理學家、經濟學家、政治學家與演化生物學家引用，以了解人類行為的動機。囚徒困境有許多版本，但最基本的結構是兩個素昧平生的人彼此競賽。這兩個人的互動會影響賽局的結果。每個人做的選擇以及進行賽局的方式，都會影響自己和對方的結果。每個人都是私下自己做決定，當雙方都確定自己的決定後，就要向對方揭示。這個賽局的困難之處在於，參與賽局的人可以選擇玩利己的零和遊戲，設法讓自己獲得最大利益，讓對方獲得最少利益。又或者，他們可以互相合作，一起把餅做大，但自己得到的利益會比玩零和遊戲所拿到的利益少一些。

以邦茲的情況來說，他可以選擇顧慮到群體，而不服用可提高表現的藥物。此舉會導致較少的（短期）獎賞，也就是名氣、個人統計數據與收入，但可以讓遵守規則的其他球員獲益。

正如經濟學家的預測，絕大多數玩賽局遊戲的人都會選擇利己。這樣的結果支持了西方世界普遍的看法：人類行為的動機是利己。這個看法在數百次的賽局中得到印證，也是我們用來理解經濟和社會行為的主要架構。

透過這個濾鏡來看，邦茲被捲入類固醇醜聞的風波或許不令人意外。他選擇利己。假如你認為人類是利己的動物，那麼我們大多數人的選擇也會和邦茲一樣。

但故事還沒說完。

瓦達・利伯曼（Varda Liberman）、史蒂芬・山繆斯（Steven M. Samuels）與李・羅斯（Lee Ross）主持了一項研究，以完全相同的前提、規則和所有其他條件，來進行這個賽局，但只做了一個小小的更動。在賽局開始之前，他們告訴研究參與者要玩「社群遊戲」。[3]此舉大大改變了賽局的結果。百分之七十的參與者選擇合作（因為考慮到其他

人），而不是利己。

這個研究已證實,且現今跨領域的廣泛證據皆支持此一觀點:人類並非僅受自私的驅力所驅使,更是社會性的生物。我們的社會性動機並非後天習得的,也不是我們出於狹隘的利己私心而學到的實用技能。正如社會神經學家馬修・李伯曼（Matthew Lieberman）所說:「我們的社交運作系統是我們身為哺乳動物的基本構成要素之一。」[4]

我們並非先成為個體,而後才學習社交。我們是社會性的動物,只是學會了將自己視為獨立的個體。

這個觀點值得再三強調。

我們在本質上是社會性動物。真正理解並時時提醒自己,我們需要真實的連結,將有助於我們應對FOPO。

事實上,FOPO源自我們想被別人接納以及與他人連結的深切渴望。擁有歸屬感是人類的基本需求。害怕他人的負面意見是一種症狀,指向一個更深的恐懼:被拒絕。「被拒絕」在生物學上引發的深刻後果,正是導致FOPO普遍存在的原因。因此,只要我們不在乎別人對我們的看法,似乎就能解決FOPO。

簡單來說，FOPO 的解決方案（亦即其解藥）包含兩個層面：（1）深切關心他人的福祉，並且為在生物學上最適合我們的社會結構貢獻心力，（2）採取與我們的人生目的、價值觀與目標一致的行為，這會促使我們產生對我們自己與他人都有好處的想法和行動。當我們的行為既符合對他人的關愛，又同時朝著個人目標邁進時，便少有餘力去擔心別人對我們的看法。

失去的連結

　　在我讀六年級的時候，我們全家人住在北加州。有一天下午，我媽問我：「麥可，一切都好嗎？」

　　她經常關心我的情況，但這次的感覺有點不一樣。我很清楚她在問什麼。我停頓了一下，然後回答：「不好。」

　　她等著我繼續說明，我把視線移開，在心中快速盤算我該怎麼處理開始冒出來的眼淚，與有點卡卡的喉嚨。我再次說：「我不太好。」我說這些話，主要是為了打破沉默。

　　她捕捉到語氣的節奏，等了一會兒，然後回應說：

「好,你怎麼了?」

我本來想輕描淡寫地告訴她,這只是一時的心情低落,以便讓她安心。但我後來決定說出真心話。「我覺得我的心裡有一個空空的洞,好像我缺了什麼,就在這裡。」我指著我的胸膛說:「好像上帝不在那裡,那裡面什麼也沒有。」

媽媽依舊沒有與我目光交會,只是輕聲說了句:「好的。」隨後,她溫柔地伸出手,把我拉進她的懷裡,給我一個溫暖的擁抱。她一隻手臂輕輕環繞著我的背,另一隻手則扶著我的後腦勺。我們就這樣擁抱了一會兒。一句話也沒有說。在那一刻,我沒事了。

在那之後,我依然會感受到那股孤獨感,一種內心的空虛感。從外表看來,一切都「很好」,你絕不會察覺到。而大多數時候,我也確實過得很好。我並沒有仔細探究那種感覺,只是隱約知道它的存在。與此不無關聯的是,我變得擅長體驗另外三種情緒:興奮(透過衝浪、滑板和滑雪等高風險的刺激性運動來追逐快感)、焦慮(擔心所有可能會出錯的事情),以及憤怒(為了避免感受焦慮或悲傷而容易發怒)。回顧過往,我感受到的那份空虛感並非憂鬱或青春期

的焦躁，而是意識到我並沒有以我渴望的方式與自己、與他人，以及與自然建立連結。

個別的自我

相信人與人是分離的，同時沒有意識到我們是整體的一部分，這種想法使得現代社會出現一個獨特的現象：個別的自我（separate self）。

在人類歷史大部分的時間，與群體的需求和欲望相較之下，個人以及個人的需求和欲望是次要的。在人類的早期，部落的任何一個成員不可能完全只為了自身的利益而行動。為了生存，必須將個人欲望昇華，以順從群體的規範和價值觀。但在現代社會，情況已不再是如此。

在二十一世紀，把人和人維繫在一起的功能性關係，已經變鬆散了。

我們基本上不再有威脅到我們存活的即刻危機，因此也不再需要倚賴群體來保護我們。「部落」對於我們的存活不再至關重要。

科技也弱化了實體連結。我們的眼睛現在花更多時間盯著手機,而不是彼此。我們與人傳簡訊,不再約見面。表情符號取代了臉部表情和肢體語言等真實的情緒線索。「按讚」取代了鼓勵的話語。「哈哈」這樣的文字取代了實際的笑聲。「愛心」圖形則成了溫暖擁抱的替代品。

便利的交通使現代人得以在不同社群之間任意遷徙。我們會為了更高薪的工作機會、更宜人的氣候或是較低的房價而搬遷,與此同時,通訊科技則維繫著我們仍與他人有所連結的假象。

自我優先的文化

在二十一世紀的西方世界,我們已將自我置於生活的中心,並在此過程中把自己從整體中抽離出來。對自我的崇拜已達到人類歷史的最高點。「個別的自我」這個概念,從來不曾在社會上佔有如此顯著的地位。自我已取代團體或社群,成為建立社會的基石。個人的權利、需求與渴望擁有神聖不可侵犯的地位,而個體則成為我們看待經濟、法律與道

德問題的濾鏡。自我的生活是一場個人的冒險。自我的目標是個人的幸福和自我實現。自我看到的問題是：我需要做什麼才能找到我的幸福？

表面上，我們似乎應驗了法國社會哲學家亞歷希斯‧托克維爾（Alexis de Tocqueville）在一百五十多年前對美國的觀察。他當時寫道，大多數美國人「覺得自己的命運不再與共同的利益相連，每個人冷漠地認為，他們只要關心自己一個人就好。」[5]

將自我從更大的社會脈絡脫離出來之後，產生了許多助長FOPO的情況。

在這種以自我為中心的文化中，成敗被視為完全操之在我。雖然這種想法能成為驅動力（「你可以改變世界」），但它同時也對心理健康造成危害。當我們認定自己是個別的自我時，我們就必須為周遭發生的一切負責，包括我們無法掌控的事物。生活自然展開，事情自然發生。然後我們再疊加上主觀的解讀，認為每件事的發生都與我有關。事情是因為我而發生的，是因為我所做或沒做的事而發生的。當事情順利時，我們給自己太多的功勞，而當事情不順利時，我們又

過度責怪自己。我們常常覺得自己不夠好,彷彿我們有哪個部分是不值得人愛的。我們將自己的經歷朝著對我們不利的方向解讀,把那些經歷變成對自己的公投。於是,我們不斷追求自我價值,並逃避對自己不足的恐懼。我們努力不懈地永遠跑在自我論斷以及他人的意見和評斷之前。

冒牌者症候群是以自我為驅動力的文化的副產品,是對自我本能地指向自身的一種無意的反叛。有冒牌者症候群的人通常是高成就者,他們往往把成功歸因於運氣或努力,而不是自己的能力。他們無法將所有的工作成果、所有的成功、錯誤、失敗,以及得之不易的洞見視為是自己的,他們害怕他人的看法會與他們內心深處對自己的隱藏評價相符。

當我們覺得無時無刻需要證明(或捍衛)自己,這會使我們與他人疏遠,並破壞我們的人際關係。誠如作家馬克・曼森(Mark Manson)所說:「一個人建立真誠連結的能力,與其證明自我的需求成反比。」[6]重點在於滿足自己的需求,而不是滿足對方或這段關係的需求。在這個過程中,我們常常將自己置於與他人競爭而非合作的境地。我們不是把對方加入我們的信任人際圈,而是將之推開,而且往往是

推向我們所畏懼的他人意見的世界。

　　自助（self-help）產業助長了我們對自我的執著。我們把焦點放在自己身上，而將周遭所有的一切和所有人排除在外。我們的身邊有許許多多來自書籍、文章、播客節目、部落格貼文、心理治療師、網紅的建議，我們飢渴地尋找可以治癒我們的童年創傷，或至少提高在交友軟體上配對成功的訣竅、技巧或絕招。心理諮商的時間不斷拉長，月復一月，年復一年，看不見終點。我們一頭鑽進童年的無底洞，以便如實掌握自己的過去。我們堅持不懈地在內心尋找那把能開啟我們完整性的鑰匙。

　　當我們把自我放在世界的中心，會使我們與自己所居住的星球分離。當我們把自己看得比地球更高、而不是視自己為地球的一份子時，我們便會耗盡資源、對其他生物造成危害、把地球置於暖化愈來愈嚴重的險境。環保作家理查·席夫曼（Richard Schiffman）用詩意的語言，描述我們如何與大自然脫節：「我們濫用自然資源的核心想法是，我們相信人類本質上是一座孤島，與自身之外的世界疏離。被鎖在自己腦袋裡大門深鎖之世界的小小主宰，不會覺得自己對於外

界發生的事有太多責任。」[7]

在這個以自我為驅動力的文化中,意義與目的都由每個個體所界定。每個人都必須自行找出其獨一無二的人生目的,而不是透過我們與他人、社會與地球的關係來詮釋。我們需要沉思的問題是:我們是獨立自主的個體,因為機運與彼此連結,抑或是,意義來自於為群體的關係服務?

自力更生的迷思

自力更生(self-reliance)的迷思促成了自我優先文化,它可以為故事提供好素材,也有助於有效建立品牌,但卻遮蔽了一個基本的事實:沒有人可以孤軍奮戰。我曾與世界上最偉大的運動員、藝術家與企業領導人合作。他們每一個人都意識到,傑出的成績和成就需要倚靠一個強大的團隊,團隊內的成員彼此緊密合作、共同努力達成目標。那些單槍匹馬闖天下的天才人物,像是賈伯斯(Steve Jobs)、林白、德蕾莎修女(Mother Teresa)、哈莉特・塔布曼(Harriet Tubman)、麥哲倫(Ferdinand Magellan)、梵谷(Vincent van

Gogh），他們透過想像力、決心與天分，改變了人類歷史的進程，但他們的生平故事並沒有如實反映出真實的情況。

紐約大學教授史考特・蓋洛威（Scott Galloway）指出隱藏在迷思背後的真實情況：「美國的西部拓荒靠的是堅忍不拔的精神與勤懇的耕種，而不是隨身攜帶六發式手槍和一包香菸的白人帥哥。牛仔是人窮到走投無路才去做的血汗工作；好萊塢與麥迪遜大道把他們塑造成拿槍與人決鬥的英雄。同樣地，矽谷的奇蹟源自美國政府的補助計畫，包括電腦晶片、網際網路、滑鼠、網路瀏覽器與全球定位系統。」[8]

自力更生的精神與堅毅的個人主義深植於西方人的心靈，但人們還有一個更根本的需求：歸屬感。

歸屬感

1995年，兩位頂尖社會心理學家羅伊・鮑麥斯特（Roy Baumeister）與馬克・利瑞（Mark Leary）發表了一篇劃時代的文章，他們指出：歸屬感不僅僅是一種欲望，而是一種需求，它是一種深植人類內心的動機，會形塑我們的想法、感

覺與行為。⁹

在那篇文章發表之前，歸屬感並不被視為人類社會行為背後的動機。鮑麥斯特和利瑞認為，想要被社會接納的渴望和歸屬感，可能比其他任何動機更能解釋人類的許多行為。我們為何設法使自己有吸引力？我們為何要對別人友好？當別人「按讚」時，我們為何感到開心？我們為何扭曲自己以融入群體？我們為何執著於別人對我們的看法？

鮑麥斯特和利瑞認為，建立和維持社會關係，有助於我們的祖先生存及繁衍。在六百萬年前的非洲大草原，獨自生活的人類是無法存活下來的。唯有當我們形成群體，才能存活。形成群體的人們可以共同採集、耕種和狩獵食物、尋找配偶、照顧後代，以及更能保護自己。

在群體之中生活只是生存挑戰的一部分。在那之前，人們必須先獲得群體的接納。他們必須讓別人願意接納他們成為群體的一分子。套用利瑞的話：「伴隨我們渴望加入群體並與之建立聯繫的，是渴望讓他人接納我們的願望。」

想要歸屬於群體的需求，數百萬年來被銘刻在人類的大腦。然而，我們的社會性不僅僅是為了獲得接納和歸屬感，

它更深層地體現在我們的本性中,即以「我們」而非「我」做為生活的中心。

互相連結

　　個別的自我是一種人為建構的概念,它使我們與周遭的世界隔離,也與我們內在的世界隔離。這與我十二歲時的感受非常相似,我們都感覺到生活中缺少了某些東西,但卻無法確切指出是什麼。那是一種對連結的渴望。一種我們整個人不被看見的悲傷。我們覺得自己在世界上是孤身一人。我們有一種永不滿足的普遍性渴求,想知道有人認為我們很重要、想知道我們屬於某個群體。我們向外尋找答案。我們想從別人那裡尋求肯定,以確認我們還不錯,確認我們實際上是比自身更宏大的事物的一部分。

　　不過,別人說了或做了什麼並不重要。他們可以對你說,他們愛你。他們可以讓你加入他們的團隊。他們可以延攬你進入他們的組織。他們可以邀請你參加派對。他們可以在公司會議上給予你肯定。他們可以按讚你的IG貼文。他

們可以向你求婚。但是當你認為你是個別的自我、是屬於自己的孤島時,他們便無法讓你的渴求消失。他們無法給予你,你深切渴望的連結感。只有你自己才能做到。

我們向外尋找一個存在於我們內心的東西。我們忘了一個根本的真相,那就是我們生來是社會性動物,本來就與天地萬物及所有人互相連結。我們的相互依存是人類生命不可改變的事實。[10]

我們在功能層面上相互交織,但我們彼此的關係不只是功利的,也不僅是建立在需要向鄰居借一杯糖的那種需求。

我們在全球層面上是互相依存的。如同演化生物學家琳恩・馬古利斯(Lynn Margulis)所寫的:

> 達爾文最大的貢獻是向我們展現,所有的生物體都透過時間互相連結。無論你把袋鼠、細菌、人類或蠑螈拿來比較,我們都有化學上的高度相似性⋯⋯。

俄國地質化學家弗拉基米爾・維爾納德斯基(Vladimir Vernadsky)告訴我們,生物體不只透過

時間互相連結，也透過空間互相連結。我們做為無用副產品呼出的二氧化碳，卻成為植物賴以生存的力量；植物做為無用副產品排出的氧氣，則讓我們得以活下去……。但這樣的連結不僅止於大氣中的氣體交換。我們也有實質的連結，而你隨處可見這種證據。

想想生活在白蟻後腸裡的原生生物，或是生活在樹木和植物根部的真菌。在樹木間飛來飛去的鳥類，會把真菌孢子散播到各處。牠們的排泄物含有大量的昆蟲和微生物。當雨水落在排泄物上時，孢子會被濺起，回到樹上，形成許多新的生物圈。[11]

我們全都在原子層面上互相連結。

比你更大的格局

當我們與比自身更宏大的事物連結，我們較不會受到伴隨個別自我的而來的負面想法和他人意見的影響。我們會變

得更像海洋，而不是容易被擾動的小水坑。

這個觀點有點違反直覺，因為當我們遇到困境時，我們的自然反應是把注意力放在自己身上，設法解決令我們痛苦的問題。然而，矛盾的是，當我們向外尋找，而不是聚焦在自我時，我們會與更深層的自我連結。我們愈專注於為整體做出貢獻，我們就愈覺得自己與整體連結在一起。我們愈是放下自我，就愈能觸及真實的自我。其中一個做法是，聚焦於比個人更大格局的目標，去支持其他人或整個地球，為他人的福祉盡一份心力。

當我們把自己獨特的力量和品德，運用在比自己更宏大的事物之上，我們會發現，自己是更大的、彼此相關的生態系統的一部分。這種感覺不像是你加入大學的兄弟會或姊妹會，覺得自己與一個更大的群體產生連結。找到一個比自己的格局更大的人生目的，可以使我們覺察到，萬物皆緊密深刻連結，我們並非孤身一人活在世上。我們不再把注意力集中在「自我」的狹隘視角，而是明白一件事：唯有意識到我們與其他人息息相關，並從這個脈絡出發，我們才能了解我們的真實本性。

從想法到行動

—— ☆ ——

　　若要掙脫自我的狹隘視角，你需要培養以服務他人為宗旨的美德。美德是符合高道德標準的正向倫理特質或行為。美德的培養會迫使我們意識到，每個人都是互相連結的生態系統的一部分，這會使我們將焦點從自我轉移到為他人行善。美德的培養不是獨自一人完成的，而是在我們所屬的群體中完成，包括家庭、學校、團隊和職場。

　　我們培養美德的方式，就和我們成為鋼琴家或網球選手的方式一樣：透過訓練和練習。亞里斯多德相信，我們會成為我們重複做的事情。這種練習可以是內在的，也可以是外在的。理想的情況是，兩者兼具。找出你希望精進的美德，然後制訂計畫。你可以從下列清單中選擇，或是自己發想。若你選擇的美德是善良，那就自問：「我今天如何練習向他人和自己展現善意？」在一天結束時，為自己打分數，並且或是做筆記，寫下你在練習時學到了什麼。就這麼簡單，鍛鍊你的美德肌肉吧。

晨間提醒：

- 寫下你想練習什麼美德（可以每天重複選擇同一種美德）。

夜間提醒：

- 記下你在這天當中積極實踐該美德的時刻。
- 針對你要練習的美德，反思是否有哪個時刻對你特別具有挑戰性（如果有的話），你當時的本能反應是什麼，以及未來在遇到類似情況時你希望如何回應。
- 列出任何可識別的、引發你自動反應的「觸發線」（在心理學上稱為「前置因素」）。例如：我和部屬約好要進行一對一會議，但他遲到了）。
- 記錄下這樣的前置因素下次又發生時，你打算如何回應，以便更符合你正在練習的美德。
- 從以下你希望融入日常練習的心理技巧中選擇一到兩種。選擇你認為最能幫助你更持續表達你正在訓練的美德的技巧：呼吸訓練、自信心訓練、正念、自我對話訓練、積極樂觀訓練、增強整體性復原策

略、深度專注訓練。下列美德可以幫助你與他人建立關係,並脫離自我的陷阱。

圖 10-1　每日美德培養清單

慷慨	創造力	感恩
勇氣	寬恕	耐心
正義感	善良	目的
樂於服務	誠實	
謙卑	尊重	

第三部

重新應對他人意見

11
訓練大腦把挑戰視為機會

「意見正是為了被改變而存在的，
否則真理又該如何被探尋呢？」

―拜倫勳爵（Lord Byron，英國詩人）

研究發現，我們往往會忽視與我們的信念相抵觸的證據，但我們為何如此具有保護意識？[1]當他人挑戰我們根深蒂固的信念時，我們為何很難改變自己的看法？在那個過程中，我們的腦袋裡到底發生了什麼事？當有人反駁我們秉持的核心觀點時，我們的哪些神經機制會被激發？南加州大學大腦與創造力中心（Brain and Creativity Institute）助理研究教授約拿斯・卡普蘭（Jonas Kaplan）深入探討了非常容易引發激烈爭論的政治信念領域，想找出答案。

卡普蘭帶領一項研究，以四十位成年人為對象，他們自稱有堅定的自由派政治立場。[2]研究者請每位參與者閱讀八個反映他們政治信念的陳述句。例如，「美國應該削減軍事預算。」在讀完每個陳述句之後，他們要閱讀五個與自己原有觀點立場相反的簡短陳述句，目的是要改變他們的想法。研究者故意設計比事實更具挑釁意味的反面陳述，像是「俄羅斯擁有的核武數量幾乎是美國的兩倍」。在這個過程中，參與者的大腦一直接受磁振造影（MRI）的掃瞄。

參與者也要閱讀一系列非政治性的陳述，像是「愛迪生發明了燈泡」。然後再閱讀反面的陳述，像是「愛迪生的電燈泡專利被美國專利局否決了，因為他們發現愛迪生提出的專利申請使用了其他發明家的研究結果。」

研究者納入政治性的陳述，是為了要知道，比起應該不會引發強烈情緒的信念（像是愛迪生在人類歷史上的角色），大腦在面對挑戰人們根深蒂固信念的訊息時，處理的方式是否有差異。

區分私人信念與身分認同

這個研究發現，當參與者根深蒂固的信念受到挑戰時，他們的大腦中與身分認同（預設模式網路）、威脅反應（杏仁核）和情緒（島葉）有關的區域，也開始活躍起來。他們愈認同某個信念，杏仁核和島葉的反應就愈大。每位參與者都聲稱相信愛迪生發明了燈泡，但當他們看到反面的證據時，他們大多接受了這個新的資訊，而大腦上述區域的活動也減少了。

這個研究結果揭露了驚人的新發現，可以解釋我們為何覺得他人的意見這麼具有威脅性。挑戰某個人根深蒂固的信念，會促使大腦中與身分認同有關的區域變得活躍。

攻擊參與者的政治觀點，相當於攻擊他們的身分認同和自我感知。

我們的大腦難以把最私人的信念與身份認同區分開來。

大腦自動會隔絕威脅

大腦對於威脅到我們核心信念的意見做出的反應，與它對身體威脅做出的反應相同。大腦並未區分我們的身體和自我感知，而是給予兩者同等的保護。當深植我們的身分認同的信念受到他人意見的威脅時，負責保護我們人身安全的大腦系統就會進入過度運轉狀態。卡普蘭如此描述：「大腦的主要責任是照顧身體、保護身體。對大腦來說，心理學上的自我是大腦的延伸。當我們的自我感覺受到攻擊，我們的大腦就會啟動保護身體的防衛機制。」[3]大腦不僅保護我們的人身安全，也會保護我們的心理健康。「當大腦認為某個東西是它的一部分，無論是身體或信念，它都會以同樣的方式加以保護。」[4]

大腦對我們的身分認同的重視，其證據可見於位於前額葉皮質的島葉觸發的神經生物學安全機制。當你不小心吞下一口酸掉的牛奶，或是麵包吃到一半才發現上面有毛茸茸的綠色黴菌，或是打開一間你希望沒打開的戶外流動廁所的門，你的島葉就會被啟動，開始發揮作用。腐壞的味道和氣

味會觸發作嘔反射或搖晃反應。神經元信號會傳送到你的臉部和胃部肌肉，使你反射性地吐出有毒的食物，或是清除令人不舒服的氣味。

反感的情緒是演化而來的心理系統，旨在透過逃避疾病的行為，來保護我們的身體不受病菌感染。[5]在所有的動物當中，只有人類的島葉演化出保護抽象事物的能力：保護我們的身分認同。我們的大腦會告訴我們，要遠離那片變質的肉，以保護我們不被病原體感染，這個同樣的機制也會警告我們，要遠離大腦認為可能會傷害我們的自我感知的資訊。

當他人的意見挑戰了我們根深蒂固的信念，尤其是深植於我們的自我感知中的信念時，負責保護我們的神經網路就會被啟動。在我們意識到發生了什麼事之前，杏仁核就已劫持大腦的主控權。腎上腺素和皮質醇這類壓力荷爾蒙會被釋出，使我們的身體進入高度警戒狀態。島葉也會被啟動。我們的大腦往往會為了迎合我們的信念而忽略事實，或是重塑事實來迎合我們的信念。我們緊抓住自己的世界觀，彷彿不這麼做就無法存活。

什麼要圍進來,什麼圍在外?

我們出於本能地保護自己根深蒂固的信念,但當我們不願接受相反觀點並檢視自己抱持的信念時,這個動作就會帶來問題。羅伯特・佛洛斯特(Robert Frost)的詩作《修牆》(Mending Wall)發人深省,促使我們反思把人與人隔開的障礙和信念,同時呼喚我們將那些障礙和信念攤在陽光下。

在這首詩中,每年春天,住在隔壁的兩個人會在兩家之間的石牆邊相會,進行每年一次的修牆工作。敘述者看不出這道牆有什麼實際用途。兩家人都沒有圈養牲畜,只有沿著山丘種植的松樹和蘋果樹。

> 我如果造籬笆,就會先問
> 什麼要圍進來,什麼圍在外

每當敘述者試圖探究這道牆背後的緣由時,他的鄰居就會唸誦一句從他父親那裡聽來、彷彿程式設定好的格言:「好籬笆造就好鄰居。」他的鄰居絲毫沒有興趣探索自己的

信念,以及這個信念是否具有任何意義。他這種缺乏好奇心的反應,在敘述者看來是粗鄙且原始的。

一手緊抓著石頭的上端,
像舊石器時代武裝的蠻人。
只覺得他在暗中摸索
(譯注:詩文翻譯出自余光中先生)

當我們當著別人的面捍衛自己的信念,我們的心裡可能會比較好受,但我們需要定期將自己的信念攤在陽光下檢視,這一點很重要。那些信念在我們人生的某個階段很管用,否則我們不會持有那些信念,不過,它們現在對我們還有用嗎?請花一點時間想想,你在人生的某個階段產生了哪些信念,以及產生那些信念的原因。然後自問,那些信念現在對你是否還有幫助?它能幫助你達成目標和人生願景嗎?還是限制了你的可能性?

當別人挑戰我們堅信的信念時,我們可以訓練我們的腦袋去意識到,那並不是威脅,而是機會。

從想法到行動

―― ✩ ――

我們來進行一個內省練習,其難度遠超過聽起來的程度。如果正確執行,這個練習有可能為你創造空間,使你不再那麼衝動、防衛心不再那麼重,並且會對當下的處境更好奇,不被僵化的想法限制。

花一點時間寫下幾個你相信的信念。接下來,寫下一些你不是那麼確信的信念。現在,想想你是在人生的哪個時間點產生了那些信念,以及你產生那些信念的原因。那些信念當時對你的幫助是什麼?再請你想想,那些信念現在是否對你仍然有幫助。它是否幫助你成為你想成為的人?它正在幫助你達成目標和人生願景嗎?還是它限制了你的可能性?

12
建立自己的重要反饋圈

「獅子不會在小狗吠叫時轉身。」

—非洲諺語

身高190公分、體重132公斤的內特‧霍古奇蒂克（Nate Hobgood-Chittick）是個身材魁梧、對生命充滿熱情的人，不過，他的體型以防守截鋒來說仍嫌不足。內特在國家美式足球聯盟打了四年的球，並在加入聖路易公羊隊（St. Louis Rams）時贏得了超級盃冠軍。

內特是我的好朋友，他在四十六歲時英年早逝。我們過去很喜歡談論靈性的話題，討論如何成為最好的自己，以及如何在別人的人生冒險中給予支持和挑戰。他教了我許多，

我至今仍非常想念他。我彷彿還能聽到他那爽朗的笑聲，感受到他盡情享受人生的態度。他熱愛他的家人、所有人，也熱愛人生。

內特告訴我，在他美式足球運動員生涯的早期，有些教練會貶低、羞辱，甚至威脅他。「你跑得有夠慢。我已經跟你說過一百萬遍，你永遠無法進步到更高的層次。你為什麼沒辦法向後退半步，是半步，不是一步。你到底是哪裡有問題？」情緒虐待式的指導有時候難以分辨。

有些運動員願意忍受任何可能幫助他們獲得成功的事情。他們可能會誤以為虐待式的訓練是一種教練很想幫助他們進步的表現。但內特看透了真相。「麥可，」他對我說，「你無法體會，有人不斷在你朋友面前對你大吼大叫是什麼感覺。運動界對這種事習以為常，但它其實會打擊士氣。我無法在那種環境下茁壯成長。」

內特在很年輕的時候就想出了一個巧妙的方法，來分辨哪些是能激勵他的意見，以及哪些是打壓他的意見。他意識到，如果要不斷進步，他就必須將尖酸刻薄的批評與有價值的洞察區分開來。他不能把教練的話完全擋在外面，於是他

立起一道「屏風」。當教練走向他，或是在球場的另一頭對他大吼，只有能夠幫助他進步的話語能穿過這道屏風，而鄙視和負面的話語則會留在教練那邊。

內特不再不假思索地接受或拒絕教練的意見，他的屏風使他能夠掌控情況，這讓他得以按下暫停鍵，評估別人的觀點對自己有沒有益處，然後再做出回應。

沒錯，對他人的意見做出的第一個反應就是，不要反應。要深呼吸。我是說真的。

當他人的意見撞上屏風時，會發生什麼事？我們要如何分辨，哪些意見能幫助我們學習與成長，又有哪些意見會讓我們在五年後還要透過心理治療來處理？

我們往往以為答案是二選一的選擇。我們或許會覺得，每個人的意見對我們都很重要。或是採取另一種極瑞，我們告訴自己，別人的意見一點也不重要。這兩種方法看似截然相反，但實際上卻導向相同的結果。如果每個人的意見都很重要，我們會因為顧慮自己的形象，而失去開放和脆弱、冒險和突破界限的能力。另一方面，當我們一點也不在乎別人的想法時，我們就違背了神經生物學的社會連結。無論是哪

一個情況，我們最終都會與自己和周遭的人脫節。

我曾在「尋找大師」播客節目中與研究員暨作家布芮尼‧布朗（Brene Brown）對談，我們談到一條替代路徑，一方面按照自己的本性而活，同時又忠於我們的社會性本能。布朗認為，「我們的任務是，明確分辨哪些人的意見對你很重要，並找出那些真正愛你的人，他們不是『儘管』你很脆弱且不完美，依然愛你」，而是『因為』你的脆弱與不完美而愛你。」

布朗判斷哪些意見重要的主要標準是：這個人必須下場比賽。他必須是認真過生活的人，願意嘗試，並且經歷失敗，而且「臉上沾滿了塵土、汗水和鮮血。」相反的，那些因為無法掌控結果而不願意下場比賽，反而在場邊大肆「侮辱和批評」的人，他們的意見一點也不重要。

圓桌會議

內特的屏風提醒我們，我們最終要掌控的不是意見本身，而是我們決定要接受誰的意見，以及如何處理這些意

見。然而，這引出了一個問題：我們該信任誰的意見？以及我們該如何分辨哪些資訊是真誠、正確，而且對我們有益？

你可以採取策略，不再對他人的意見做出衝動的反應。首先，找出兩位、四位、八位或十位你看重且信任其建議的人，組成一個圓桌會議。他們可以是你的家人、朋友、導師或專家。保持名單精簡。你選擇納入圓桌會議的人可能不是亞瑟王的騎士，但那種騎士精神仍然可以激發你與他們之間的關係。

哪些人有資格在你的圓桌會議擁有席位？你要確認他們每個人都是真心想要支持和保護你。在組成你的圓桌會議時，請自問：誰會永遠支持你？誰真正懂你？不是經過修飾包裝的你，而是那個在摸索中努力生活、奮力掙扎且脆弱的你。誰永遠忠於真理？當你需要聽真話時，你可以找誰？誰活出了值得你敬重的人生？

你的圓桌會議可以成為你人生中最重要的反饋圈，但這並不意味著你只受他們的影響。無論我們喜不喜歡，我們每天都被來自朋友、家人、同事、夥伴、教練、團隊隊友、公眾人物、品牌、網路機器人和陌生人的意見所淹沒。假如我

們對每一個意見都做出回應,就沒有餘力可以好好思考了。我們的人生會變成打地鼠遊戲,一天到晚為了他人的意見疲於應付。然而,假如我們不分青紅皂白地將所有人的意見阻擋在外,就會錯失更了解自己的寶貴資訊和機會。再說,我們也不可能杜絕把所有人的意見。總有一些意見會穿過那道「屏風」,進入我們的腦袋。當這種情況發生時,我們通常可以從中多了解自己一些。

從想法到行動

──☆──

當你對某人的意見產生強烈的情緒反應，無論這反應是正面還是負面，都要留心覺察。不要試著加以否決或壓抑。你可以透過自己的反應，了解你的內心世界發生了什麼事。你是否感受到一股像是吸毒後的強烈亢奮，覺得你對自己的原有看法得到了確認？抑或是，他人的意見激起了你的求生反應，劫持了你的注意力，使你的身體開始為戰鬥、逃跑或是僵住做準備？無論你如何回應那個穿過屏風的意見，你的反應裡都藏著一份禮物。

若你無法將他人的意見拋在腦後，或是你聽到了別人已經對你講過無數次的意見，你的下一步就是汲取你的圓桌會議的忠告。把這個意見告訴圓桌會議的任何一個成員，看看他們的看法是否與你的看法相同，然後和他們一起探討這個意見。

當你得到圓桌會議成員的反饋後，請好好思考這些反饋。FOPO效應建構在一個錯覺之上：我們無法信任自己的

想法。將你的想法記錄下來：找一個你的思緒不受束縛的地方。或許是你的臥室、一棵橡樹下，或是星巴克你最愛角落裡的那張扶手椅。探索你的反應，以及與你的反應有關聯的思緒。釐清你想防衛或擁抱的是什麼。

13
你早已知道這些並不重要

「用將死之人的觀點，
來決定你想做、想說與想計畫的事。」

—馬可·奧理略（Marcus Aurelius，羅馬哲學家皇帝）

臨終者最大的遺憾

住在澳洲的布朗妮·維爾（Bronnie Ware）當了八年的居家看護，照顧臨終病人。她照顧的病人都知道自己的病情沉重，大多數人僅剩下三到十二週的壽命。維爾幫助他們完成一些他們自己辦不到的事：洗澡、準備餐點、把屎把尿、準備好需要服用的藥物。然而，維爾逐漸發現，她最重要的角色並非照顧病人的身體，而是提供情感上的支持。她在那

裡所做的，就是傾聽他們說話。

維爾傾聽的，是知名德裔美籍心理學家艾瑞克・艾瑞克森（Erik Erikson）所說的「一個人此生的回溯記述」。[1] 艾瑞克森主張，在人生發展的第八階段（也是最後一個階段），人們往往會反思自己此生所做的事，以及他們是否對自己生活的方式和成為的人感到滿意。他們最後不是帶著滿足感，就是帶著懊悔與絕望離開這個世界。

維爾把這些人內心最深的回溯和反思記錄下來。在人生最後的日子感到懊悔的人，要比毫無遺憾的人多更多。幾乎所有的懊悔都源於缺乏勇氣去追求自己想要的人生。他們最大的悔恨是：他們多麼希望自己在年輕時能鼓起勇氣過上忠於自我的一生，而不是符合他人期待的一生。

我再重述一次。人們在臨終之時最大的悔恨，便是為了他人的認可而活。

當人生派對接近尾聲，眾人及其議論皆已散去，你將會質問自己，這輩子為何把他們看得那麼重。

我們並不追求我們最珍視之事物

獲得諾貝爾獎的經濟學家康納曼與一群科學家於2004年在《科學》(Science)雜誌上發表了一項研究,強調了「我們並不追求我們最珍視之事物」這個觀點。[2]

他們請九百位女性填寫一份詳細記錄每日活動的日誌和問卷,並以七分制評估她們在每次經歷中的各種感受(快樂、不耐煩、鬱悶、擔心、疲倦等等)。研究者透過她們感受到的快樂與愉悅,對這些女性從每項日常活動得到的滿足感做比較。

一般人可能會認為,這些女性自願選擇從事的活動,應該會帶給她們最大的滿足。假如她們選擇去做某件事,她們必然會樂在其中,不是嗎?嗯,並不盡然如此。這些女性表示,比起看電視,她們從靈性活動(冥想、禱告、上教堂)得到的滿足更大。但她們待在電視機前面的時間,卻是從事那些更令人滿足的活動的五倍之多。

無視人生大限過日子

我們想選擇的不等於我們真正選擇的,為何會如此?因為我們沒有意識到,時間是世界上最珍貴的東西。

我們總以為自己會活到永遠。當我們與人道別時,我們會說「晚點見」,彷彿彼此一定會再見面。但我們都知道,這句自信而想當然爾的道別,總有一天會無法實現。西方文化從來都不重視「生命有限」這個事實。即使死亡來臨,也是發生在別人身上的事。我們都知道自己終究會離開這個世界,但我們不認為它會發生在今天、下個星期,或是明年。我們形成一種人生觀,認為死亡不存在於現實中,至少不是在可預見的未來。

無視人生大限過日子的成本是:我們很容易與自己的價值觀脫節。

稀缺性是行為科學中普遍被接受的原則。當某種資源的數量有限,我們往往會更加珍惜它。死亡創造了生命(我們待在地球上的時間長度)的稀缺性。我們如何選擇使用我們的時間,便變成了我們一生中最有意義且最重要的決定。

當我們抱著「生命有限」的意識過生活，會在根本上改變我們的價值觀，以及我們選擇如何運用我們的時間。它揭露了我們文化所認可的那些膚淺且空洞的追求。

別人對你在社群媒體的貼文所做的反應，真的很重要嗎？你有沒有發布那則貼文，真的很重要嗎？你的是什麼車，很重要嗎？你今天的髮型好不好看，很重要嗎？你比大多數人稍微聰明一點點，或是智力高一點，或是智力低一點，或是骨架長得更好一點，很重要嗎？某個朋友圈將你排除在外，很重要嗎？即使他們讓你加入，你真的想把你的寶貴時間花在他們身上嗎？

當我們全然接受「我們不會活到永遠」這個事實，能使我們的價值觀變得更加鮮明。我們會清楚看出什麼才是真正重要的事。當飛機因風切而驟降高度，我們嚇出了一身冷汗時，此時我們腦中所想的，不會是我們搞砸的婚禮致詞，或是丟了我們本來就不喜歡的工作的羞愧感。當皮膚科醫生說她想把我們身上那個不規則的胎記做活體組織切片，因為它看起來像是癌前病變時，我們不會想著我們在心中為某個同事精心描繪的高成就形象。

當生命可能中斷,甚至永久終結,會劇烈改變我們對時間價值以及看待事物的想法。我們的思緒會轉向我們真正關心的事物。在那些時刻,生命有限的覺察發揮了清潔劑的作用,把不重要的東西都沖洗掉了,只留下最關鍵的所在。

再回到電影《鬥陣俱樂部》,當泰勒・德頓(由布萊德・彼特〔Brad Pitt〕飾演)劫持便利商店員工雷蒙・赫索(Raymond K. Hessel),並告訴他,他就要死了。然後德頓開始翻看赫索的皮夾,為觀眾揭開赫索不得志且悲傷的人生故事。赫索向現實妥協,過著平庸的生活,而且不打算改變現狀。德頓看到赫索的過期學生證之後,扣上手槍的板機問他:「你本來想當什麼?」赫索遲疑了一下,然後結結巴巴地回答:「獸醫。」赫索本來想當一名獸醫,但因為太困難而放棄了。德頓告訴赫索,他會扣留赫索的駕照,然後在六個星期之後回來,假如赫索那時還沒有回去讀獸醫系,就會被他殺掉。

沒有人需要《鬥陣俱樂部》式的啟發,但此處的訊息很清楚。德頓要強迫赫索面對生命的大限,藉此讓他清醒過來,同時提醒所有的觀眾,我們沒有時間可以浪費了。

2005年，蘋果公司創辦人暨執行長賈伯斯到史丹佛大學向畢業生致詞，他也坦率地提到了類似的觀點。賈伯斯在2003年被診斷出罹患一種罕見的胰臟癌，但在演講時，他的癌症已經治癒了。

> 我經常提醒自己，我的生命很快就會結束，這是我用來幫助自己做出人生重大決定最重要的工具。因為幾乎所有的一切（所有的外在期待、尊嚴、害怕丟臉或失敗）在死亡面前都會自動消失，只剩下真正重要的事物。隨時記得你終將一死，這是我所知道的最好方法，使你不再患得患失。你已經一無所有。所以沒有理由不跟從自己的心意而活……。
>
> 你的時間有限，所以不要按照別人的方式過你的人生，那太浪費了。不要被教條束縛，意思是，不要按照別人思考的結果來生活。別讓他人意見的喧囂掩蓋過你內心的聲音。最重要的是，鼓起勇氣跟從自己的心意和直覺。你的心意與直覺早已知道你真正想成為怎樣的人。其他一切都是次要的。[3]

賈伯斯意識到自己的生命有限,這個覺察使他得以自由地按照自己的意思,追求他想過的人生。

羅馬皇帝馬可‧奧理略是一位斯多葛派哲學家,他以更簡潔的方式表達這個概念:「你現在就有可能死去。讓這個覺察決定你所做、所說和所想的吧。」

沒有任何哲學傳統比斯多葛主義更重視對「生命有限」這件事的反思。斯多葛派哲學家教導我們一個幾乎違反直覺的觀念:經常思索自己的死亡,能大幅提高我們日常生活的品質。

1991年,我在大學上約翰‧柏金斯(John Perkins)教授開的哲學課,第一次聽聞斯多葛學派,我當時立刻對斯多葛學派的第一原則深深著迷,因為它出奇的實用和務實。對斯多葛學派而言,終將一死的概念並不是一個消極的想法,而是會迫使人們對自己擁有的時間感恩,珍惜每一天,並且明智而審慎地使用我們擁有的寶貴時光。他們堅決不把時間浪費在自己無法改變的事物上(例如死亡、他人的意見等等),而是聚焦於百分之百在自己掌控之中的事物(我們的想法、言語和行為)。邁向專精的第一個原理,即由內而外

地努力，致力於掌握那些與個人的核心美德和人生目標相一致、且在我們控制範圍內的事物。我們如何生活，遠比我們什麼時候死亡更重要。

塞內卡（Seneca）在《論生命之短暫》（*On the Shortness of Life*）如此寫道：

> 問題不在於我們擁有的時間短促，而在於我們浪費了太多光陰。人生夠長，如果所有的時間都善加運用，足以成就許多非常偉大的事。但如果隨便揮霍浪費，或是用來做無益的事，最後我們會被迫發現，在我們覺察時間正在溜走之前，時間早已消逝。[4]

傑夫・貝佐斯（Jeff Bezos）也把類似的觀點應用在亞馬遜（Amazon）。2015年在西雅圖的某次會議上，貝佐斯被問到，公司的未來會如何，當時有許多大型零售商紛紛倒閉。貝佐斯回答說：「亞馬遜並非大到不能倒。事實上，我預測亞馬遜將來有一天會失敗、破產。如果你觀察大型企業的發

展,就會發現它們的生命長度通常是三十幾年,而不是一百多年。」[5]

貝佐斯之所以說亞馬遜的壽命有限,並非想嚇唬股東和員工。相反的,他是在鼓勵員工運用這個事實,放下他們對競爭對手的焦慮,並同時聚焦在他們能掌控的事情—服務顧客。

死亡與牙痛

我們可能認為,被提醒生命有限會使我們陷入存在主義危機,其實不然。心理學家內森・德渥(Nathan DeWall)與鮑麥斯特進行了三項實驗,以觀察人們在思考自身死亡時的反應。他們找來432名志願參與研究的大學生,請其中一半的人思考死亡的感受,並撰寫關於他們想像自己臨終時會發生什麼事的文章。另一半的學生則被指示思考並撰寫關於牙痛的文章。

當這些大學生沉浸在與死亡相關的思緒時,研究者請他們做一系列的文字測驗,想了解他們的潛意識情緒。研

究者請他們用自己選擇的字母完成詞語片段，像是jo_ 和ang_ _。有些詞幹旨在引發中性或正向的情緒反應，像是jog（慢跑）或joy（喜悅）；另一些則可以填入中性或負面的詞語，像是angle（角度）或angry（憤怒）。最後得到的結果反映出他們的潛意識運作情形。

研究者發現，思考死亡的人並沒有陷入絕望，反而變得更開朗。比起思考牙痛的那組人，他們在潛意識產生更多正向詞彙聯想和感覺。研究者認為，這是一種心理免疫反應，能保護我們免於死亡的威脅。

在人生的終點，什麼會讓你感到懊悔？

我們不知道自己可以活多久，所以讓我們以人生終點近在眼前的心態來規劃人生。

你想知道，當你來到人生的終點，什麼會讓你感到懊悔嗎？只要問問你自己，你現在為了什麼事感到懊悔。假如你現在希望自己能花更多時間陪陪兩歲的女兒，那麼四十年之後，你很可能會有同樣的懊悔。假如你現在後悔自己選擇留

在舒適圈,而不是勇敢追逐你的夢想,那麼你將來很可能會有類似的懊悔。現在和未來最大的差別是,你現在還可以採取行動為此做些什麼。

在人生的每一刻,你都可以選擇是否要受制於FOPO。你打算把寶貴的每一天、每小時和每一秒,都花在擔心別人的看法嗎?你打算把你待在世上的短暫時光,都用來擔心別人可能認為你應該說什麼、做什麼,或是有什麼感覺嗎?

從想法到行動

―― ✧ ――

這個練習非常容易進行。當你要和某人道別時，請試著用「我可能再也見不到他」的心情，與他道別。道別時，設法讓對方知道，你對於能與之共度這段時光，充滿感恩。

今天從一個對象開始練習。明天找兩個對象來練習。以此類推，不斷練習，直到它變成你的日常習慣。

當我們承認並接受人生的脆弱本質，我們才能生出真正的感激之情，感謝別人在我們待在這個美妙無比的星球上的短暫一生，與我們共度一段時光。

謝辭

　　給麗莎，我此生的摯愛。你給我的愛如此清晰明確，令我無比感動。你能夠堅定不移地活出忠於自我的人生，令我敬佩。你對我們的家庭從不動搖的承諾，是一股宜人的微風，以恰到好處的時機和節奏，為我們的生命體驗注入愛和冒險。因為有你，我不再祈求平靜的水域，反而想要測試我們的風帆有多麼強韌堅固。你的愛教我明白，什麼是接納的真正意涵。我深深愛你。

　　給我的兒子雷格森，你的勇氣、力量和善良每一天都帶給我啟發。你的存在一直提醒我，要如何帶著少許幽默感，正面迎接每一刻。

　　給我的家人：媽媽、爸爸和妹妹，你們為我的人生打下了基礎。你們的愛和引導，給了我穩固的基地與探索的自由。給娜娜，你永遠是我最大的支柱。給葛蘭普，你過著「好好想，好好活」的人生。給馬利歐、麗塔、帕皮、雅布

艾拉、蘿莉，以及茉拉與比爾博士，你們在過去三十年對我的支持，盡在不言中，我永遠心懷感激。

給凱文·雷克，你的才華與盡心盡力，讓這本書的每一頁充滿了生氣。我非常感激你用深刻且真誠的態度，探索你和我心中每個概念的樣貌。你以身作則，活出了邁向專精的第一原理。謝謝你的重量級貢獻。

給整個「尋找大師」團隊，謝謝你們懂我的熱情與目的。你們所有人的專長和毅力，把這個出書計畫提升到超出我能想像的境界。

給我的導師蓋瑞·迪布萊西歐（Gary DeBlasio），感謝你如同明鏡般映照真實。你的引導與智慧，優雅地照亮了我無形的界限，並啟發我從內而外地徹底蛻變。

給我服務過的每一位對象，謝謝你們把你們最大的夢想、洞察與恐懼託付給我。你們的勇敢啟發了我，並增強了我們對彼此的生命的深刻影響。

給本書編輯凱文·艾佛斯（Kevin Evers），謝謝你的認真與清晰思路。你看出了本書能成為什麼樣子，並逐步引導這本書從發想到出版的整個過程，我對此充滿感激。

最後，我要感謝你，我的讀者。謝謝你願意信任向你推薦這本書的人，或是引導你拿起這本書的奇妙機緣。我衷心盼望，我們共度的時光以有意義的方式，為你的生命帶來了價值。我滿心感謝。

註釋

序言

1. Cal Callahan, "Lauren Bay-Regula: Life as an Olympian, Mom, and Entrepreneur," January 28, 2020, *The Great Unlearn* podcast, https://podcasts.apple.com/us/podcast/the-great-unlearn/id1492460338?i=1000463898379.
2. When we say the greatest constrictor of human potential, we are acknow- ledging that the fear of getting killed, starvation, or losing your job are greater constrictors. This book is about the quality of life we live, not survival.
3. Scott Barry Kaufman, "Sailboat Metaphor," https://scottbarrykaufman.com/sailboat-metaphor.
4. Michael Gervais, "How to Stop Worrying about What Other People Think of You," hbr.org, May 2, 2019, https://hbr.org/2019/05/how-to-stop-worrying-about-what-other-people-think-of-you.
5. Lauren Regula, Instagram post, September 7, 2022.

第一章

1. Quoted and translated in Alexander Wheelock Thayer, *The Life of Ludwig van Beethoven: Vol. 1* [1866], ed. Henry Edward Krehbiel (New York: The Beethoven Association, 1921), 300.
2. Thayer, *Life of Beethoven*, 300.
3. Heiligenstadt Testament, a letter written by Beethoven to his brothers

Carl and Johann on October 6, 1802, http://www.lvbeethoven.com/Bio/Biography HeiligenstadtTestament.html.

4. Jan Swafford, *Beethoven: Anguish and Triumph; A Biography* (Boston: Houghton Mifflin Harcourt, 2014), 428; H. C. Robbins Landon, *Beethoven: A Documentary Story* (New York: Macmillan, 1974), 210. Lichnowsky's physician, Dr. Anton Weiser, tells the story of when Beethoven was offended by being asked to play the violin at a dinner.

5. Swafford, *Beethoven*, 21.

6. Swafford, *Beethoven*, 53.

7. Franz Wegeler and Ferdinand Ries, *Beethoven Remembered: The Biographical Notes of Franz Wegeler and Ferdinand Ries* (Salt Lake City, UT: Great River Books, 1987), 39.

8. Swafford, *Beethoven*, 98–99.

9. Swafford, *Beethoven*, 128. "Part of his gift was the *raptus*, that ability to withdraw into an inner world that took him beyond everything and everybody around him, and also took him beyond the legion of afflictions that assailed him. Improvising at the keyboard and otherwise, he found solitude even in company."

10. Swafford, *Beethoven*, 98–99.

11. Heiligenstadt Testament letter.

12. David Ryback, *Beethoven in Love* (Andover, MA: Tiger Iron Press, 1996). Quote is from Beethoven in 1817.

13. Nicholas Cook, *Beethoven: Symphony No. 9* (Cambridge, UK: Cambridge University Press, 1993).

第二章

1. Michael Gervais, "Tune Up Your Mind—A Music Legend's Journey of Self-Evolution," *Finding Mastery* podcast, June 28, 2023, https://findingmastery.com/podcasts/moby-lindsay/.

2. This echoes a quote often attributed to Austrian psychiatrist and Holocaust survivor Viktor Frankl, but is of uncertain origins: "Between stimulus and response there is a space. In that space is our power to choose our response. In our response lies our growth and our freedom."
3. Mark Leary, "Is It Time to Give Up on Self-Esteem?," The Society for Personality and Social Psychology, May 9, 2019, https://spsp.org/news-center/character-context-blog/it-time-give-self-esteem.

第三章

1. N. C. Larson et al., "Physiological Reactivity and Performance Outcomes under High Pressure in Golfers of Varied Skill Levels," oral presentation to the World Scientific Congress of Golf, Phoenix, AZ, March 2012.
2. Thomas Hobbes, *Leviathan*, part 1, chapter 13, page 58.
3. W. B. Cannon, *Bodily Changes in Pain, Hunger, Fear, and Rage: An Account of Recent Researches into the Function of Emotional Excitement* (New York: D. Appleton and Company, 1915); Keith Oatley, Dacher Keltner, and Jennifer M. Jenkins, *Understanding Emotions*, 2nd ed. (Hoboken, NJ: Wiley-Blackwell Publishing, 2006).
4. Cannon, *Bodily Changes in Pain, Hunger, Fear, and Rage*.
5. Cannon, *Bodily Changes in Pain, Hunger, Fear, and Rage*.
6. Cannon, *Bodily Changes in Pain, Hunger, Fear, and Rage*.
7. Cannon, *Bodily Changes in Pain, Hunger, Fear, and Rage*.
8. Stephanie A. Maddox, Jakob Hartmann, Rachel A. Ross, and Kerry J. Ressler, "Deconstructing the Gestalt: Mechanisms of Fear, Threat, and Trauma Memory Encoding," *Neuron* 102, no. 1 (2019): 60–74.
9. Joseph E. LeDoux, "Coming to Terms with Fear," *PNAS* 111, no. 8 (2014): 2871–2878.

10. Josephine Germer, Evelyn Kahl, and Markus Fendt, "Memory Generalization after One-Trial Contextual Fear Conditioning: Effects of Sex and Neuropeptide S Receptor Deficiency," *Behavioural Brain Research* 361, no. 1 (2019): 159–166; Kim Haesen, Tom Beckers, Frank Baeyens, and Bram Vervliet, "One-Trial Overshadowing: Evidence for Fast Specific Fear Learning in Humans," *Behaviour Research and Therapy* 90 (2017): 16–24.

11. Roy F. Baumeister, Ellen Bratslavsky, Catrin Finkenauer, and Kathleen D. Vohs, "Bad Is Stronger Than Good," *Review of General Psychology* 5, no. 4 (2001): 323–370.

12. Arun Asok, Eric R. Kandel, and Joseph B. Rayman, "The Neurobiology of Fear Generalization," *Frontiers in Behavioral Neuroscience* 12 (2019).

13. David Watson and Ronald Friend, "Measurement of Social-Evaluative Anxiety," *Journal of Consulting and Clinical Psychology* 33, no. 4 (1969): 448–457.

第四章

1. Brad Rock, quoted in David Fleming, "Before 'The Last Dance,' Scottie Pippen Delivered Six Words of Trash Talk That Changed NBA History," ESPN, May 15, 2020, https://www.espn.com/nba/story/_/id/29166548/before-last-dance-scottie-pippen-delivered-six-words-trash-talk-changed-nba-history.

2. Nina Strohminger, Joshua Knobe, and George Newman, "The True Self: A Psychological Concept Distinct from the Self," *Association for Psychological Science* 12, no. 4 (2017): 551–560.

3. Michael A. Hogg and Dominic Abrams, *Social Identifications: A Social Psychology of Intergroup Relations and Group Processes* (London: Routledge, 1998).

4. *Fight Club*, directed by David Fincher, 1999.
5. Lewis Carroll, *Alice's Adventures in Wonderland* (New York, Boston: T. Y. Crowell & Co., 1893).
6. APA Dictionary of Psychology.
7. Paul Blake, "What's in a Name? Your Link to the Past," BBC, April 26, 2011, https://www.bbc.co.uk/history/familyhistory/get_started/surnames_01.shtml.
8. Zygmunt Bauman, "Identity in the Globalising World," *Social Anthropology* 9, no. 2 (2001): 121–129; Anthony Giddens, *The Consequences of Modernity* (Stanford, CA: Stanford University Press, 1991).
9. Jeffrey J. Arnett, "The Psychology of Globalization," *American Psychologist* 57, no. 10 (2002): 774–783.
10. Michael Lipka, "Why America's 'Nones' Left Religion Behind," Pew Research Center, August 24, 2016, https://www.pewresearch.org/fact-tank/2016/08/24/why-americas-nones-left-religion-behind/.
11. The ten-thousand-hour rule popularized by Malcom Gladwell does not accurately align with Anders Ericsson's original research on developing expertise.
12. Nadia Shafique, Seema Gul, and Seemab Raseed, "Perfectionism and Perceived Stress: The Role of Fear of Negative Evaluation," *International Journal of Mental Health* 46, no. 4 (2017): 312–326.
13. Conversation with Dr. Ben Houltberg, March 9, 2021.
14. Albert Bandura, *Self-Efficacy: The Exercise of Control* (New York: W. H. Freeman and Company, 1997), 3.
15. Michael Gervais, "Missy Franklin on Being a Champion in Victory and Defeat," *Finding Mastery* podcast, December 4, 2019, https://podcasts.apple.com/kw/podcast/missy-franklin-on-being-a-champion-in-victory-and-defeat/id1025326955?i=1000458624052.

16. Benjamin W. Walker and Dan V. Caprar, "When Performance Gets Personal: Towards a Theory of Performance-Based Identity," *The Tavistock Institute* 73, no. 8 (2019): 1077–1105.

17. Joseph Campbell, *Reflections on the Art of Living: A Joseph Campbell Companion* (New York: Harper Perennial, 1995).

18. Dan Gilbert, "The Psychology of Your Future Self," TED talk, 2014, https://www.ted.com/talks/dan_gilbert_the_psychology_of_your_future_self.

19. Jordi Quoibach, Daniel T. Gilbert, and Timothy D. Wilson, "The End of History Illusion," *Science* 339, no. 6115 (2013): 96–98.

20. Robbie Hummel and Jeff Goodman, "Jim Nantz Joins 68 Shining Moments to Discuss His Most Famous Calls, Giving Out Ties and His Favorite March Memories," *68 Shining Moments* podcast, March 2021, https://open.spotify.com/episode/3EbQCv7eHwSdVOQCPqQUeL.

第五章

1. William James, "The Conscious Self," in William James, *The Principles of Psychology*, vol. 1 (Boston: Harvard University Press, 1892).

2. Jennifer Crocker and Connie T. Wolfe, "Contingencies of Self-Worth," *Psychological Review* 108, no. 3 (2001): 593–623.

3. Crocker and Wolfe, "Contingencies of Self-Worth."

4. Jennifer Crocker, "The Costs of Seeking Self-Esteem," *Journal of Social Issues* 58, no. 3 (2002): 597–615.

5. Crocker, "The Costs of Seeking Self-Esteem."

6. Charles S. Carver and Michael F. Scheier, *On the Self-Regulation of Behavior* (Cambridge, UK: Cambridge University Press, 1998); Jennifer Crocker and Lora E. Park, "Seeking Self-Esteem: Construction, Maintenance, and Protection of Self-Worth," University

of Michigan working paper, January 1, 2003.

7. Roy F. Baumeister, Ellen Bratslavsky, Mark Muraven, and Dianne M. Tice, "Ego Depletion: Is the Active Self a Limited Resource?," *Journal of Personality and Social Psychology* 74, no. 5 (1998): 1252–1265; Roy F. Baumeister, Brad J. Bushman, and W. Keith Campbell, "Self-Esteem, Narcissism, and Aggression: Does Violence Result from Low Self-Esteem or from Threatened Egotism?," *Current Directions in Psychological Science* 9, no. 1 (2000): 26–29; Michael H. Kernis and Stefanie B. Waschull, "The Interactive Roles of Stability and Level of Self-Esteem: Research and Theory," in Mark P. Zanna (ed.), *Advances in Experimental Social Psychology*, vol. 27 (Cambridge, MA: Academic Press, 1995), 93–141.

8. Rick Hanson, *Buddha's Brain: The Practical Neuroscience of Love, Happiness and Wisdom* (Oakland, CA: New Harbinger Publications, 2009).

9. Albert Bandura, *Social Learning Theory* (Englewood Cliffs, NJ: Prentice Hall, 1977).

10. Avi Assor, Guy Roth, and Edward L. Deci, "The Emotional Costs of Parents' Conditional Regard: A Self-Determination Theory Analysis," *Journal of Personality* 72, no. 1 (2004): 47–88.

11. Ece Mendi and Jale Eldeleklioğlu, "Parental Conditional Regard, Subjective Well-Being and Self-Esteem: The Mediating Role of Perfectionism," *Psychology* 7, no. 10 (2016): 1276–1295.

12. Dare A. Baldwin and Louis J. Moses, "Early Understanding of Referential Intent and Attentional Focus: Evidence from Language and Emotion," in Charlie Lewis and Peter Mitchell (eds.), *Children's Early Understanding of Mind: Origins and Development* (Hillsdale, NJ: Lawrence Erlbaum Associates, 1994), 133–156; Richard M. Ryan, Edward L. Deci, and Wendy S. Grolnick, "Autonomy, Relatedness, and the Self: Their Relation to Development and Psychopathology,"

in Dante Cicchetti and Donald J. Cohen (eds.), *Developmental Psychopathology, Volume 1: Theory and Method* (Hoboken, NJ: John Wiley and Sons, 1995), 618–665; Susan Harter, "Causes and Consequences of Low Self-Esteem in Children and Adolescents," in Roy Baumeister (ed.) *Self-Esteem: The Puzzle of Low Self-Regard* (New York: Plenum Press, 1993), 87–116.

13. Tim Kasser, Richard M. Ryan, Charles E. Couchman, and Kennon M. Sheldon, "Materialistic Values: Their Causes and Consequences," in Tim Kasser and Allen D. Kanner (eds.), *Psychology and Consumer Culture: The Struggle for a Good Life in a Materialistic World* (Washington, DC: American Psychological Association, 2004), 11–28.

14. Rory Sutherland, "Life Lessons from an Ad Man," TED talk, 2008, https://www.ted.com/talks/rory_sutherland_life_lessons_from_an_ad_man.

第六章

1. Timothy D. Wilson et al., "Just Think: The Challenges of the Disengaged Mind," *Science* 345, no. 6192 (2014): 75–77.

2. Not to be confused with Depeche Mode, an electronic music band from the 1980s.

3. Marcus Raichle interviewed by Svend Davanger, "The Brain's Default Mode Network—What Does It Mean to Us?," *The Meditation Blog*, March 9, 2015, https://www.themeditationblog.com/the-brains-default-mode-network-what-does-it-mean-to-us/.

4. Randy L. Buckner, "The Serendipitous Discovery of the Brain's Default Network," *Neuroimage* 62 (2012): 1137–1147.

5. Marcus E. Raichle and Abraham Z. Snyder, "A Default Mode of Brain Function: A Brief History of an Evolving Idea," *Neuroimage* 37 (2007): 1083–1090.

6. Raichle interview, "Brain's Default Mode."
7. Marcus E. Raichle and Debra A. Gusnard, "Appraising the Brain's Energy Budget," *PNAS* 99, no. 16 (2002): 10237–10239; Camila Pulido and Timothy A. Ryan, "Synaptic Vesicle Pools Are a Major Hidden Resting Metabolic Burden of Nerve Terminals," *Science Advances* 7, no. 49 (2021).
8. Matthew A. Killingsworth and Daniel T. Gilbert, "A Wandering Mind Is an Unhappy Mind," *Science* 330, no. 6006 (2010): 932.
9. Barbara Tomasino, Sara Fregona, Miran Skrap, and Franco Fabbro, "Meditation-Related Activations Are Modulated by the Practices Needed to Obtain It and by the Expertise: An ALE Meta-Analysis Study," *Human Neuroscience* 6 (2012); Judson A. Brewer et al., "Meditation Experience Is Associated with Differences in Default Mode Network Activity and Connectivity," *PNAS* 108, no. 50 (2011): 20254–20259.
10. Jon Kabat-Zinn, "Some Reflections on the Origins of MBSR, Skillful Means, and the Trouble with Maps," *Contemporary Buddhism* 12, no. 1 (2011): 281–306.
11. Jon Kabat-Zinn, "Mindfulness-Based Interventions in Context: Past, Present, and Future," *Clinical Psychology: Science and Practice* 10, no. 2 (2003): 144–156.

第七章

1. Thomas Gilovich, Victoria H. Medvec, and Kenneth Savitsky, "The Spotlight Effect in Social Judgment: An Egocentric Bias in Estimates of the Salience of One's Own Actions and Appearance," *Journal of Personality and Social Psychology* 78, no. 2 (2000): 211–222.
2. Gilovich, Medvec, and Savitsky, "Spotlight Effect in Social Judgment."

3. Gilovich, Medvec, and Savitsky, "Spotlight Effect in Social Judgment."
4. Thomas Gilovich, "Differential Construal and the False Consensus Effect," *Journal of Personality and Social Psychology* 59, no. 4 (1990): 623–634.
5. Amos Tversky and Daniel Kahneman, "Judgment under Uncertainty: Heuristics and Biases," *Science* 185, no. 4157 (1974): 1124–1131.

第八章

1. "Theory of Mind," Harvard Medical School News and Research, January 27, 2021, https://hms.harvard.edu/news/theory-mind.
2. William Ickes, "Everyday Mind Reading Is Driven by Motives and Goals," *Psychological Inquiry* 22, no. 3 (2011): 200–206.
3. Nicholas Epley, *Mindwise: Why We Misunderstand What Others Think, Believe, Feel, and Want* (New York: Vintage, 2015).
4. Epley, *Mindwise*.
5. Belinda Luscombe, "10 Questions for Daniel Kahneman," *Time*, November 28, 2011, https://content.time.com/time/magazine/article/0,9171,2099712,00.html.
6. Tal Eyal, Mary Steffel, and Nicholas Epley, "Perspective Mistaking: Accurately Understanding the Mind of Another Requires Getting Perspective, Not Taking Perspective," *Journal of Personality and Social Psychology* 114, no. 4 (2018): 547–571.
7. Dale Carnegie, *How to Win Friends and Influence People* (New York: Simon & Schuster, 2009).
8. Nicholas Epley, "We All Think We Know the People We Love. We're All Deluded," *Invisibilia*, NPR, March 22, 2018, https://www.npr.org/sections/health-shots/2018/03/22/594023688/invisibilia-to-understand-another-s-mind-get-perspective-don-t-take-it.

9. V. S. Ramachandran, *A Brief Tour of Human Consciousness* (New York: Pi Press, 2004), 3.
10. Epley, "We All Think We Know the People We Love."
11. Erving Goffman, *The Presentation of Self in Everyday Life* (New York: Anchor Books, 1959).

第九章

1. Leo Benedictus, "#Thedress: 'It's Been Quite Stressful to Deal with It . . .We Had a Falling-Out,'" *Guardian*, December 22, 2015, https://www.theguardian.com/fashion/2015/dec/22/thedress-internet-divided-cecilia-bleasdale-black-blue-white-gold.
2. "Optical Illusion: Dress Colour Debate Goes Global," BBC News, February 27, 2015, https://www.bbc.com/news/uk-scotland-highlands-islands-31656935; Benedictus, "#Thedress"; Terrence McCoy, "The Inside Story of the 'White Dress, Blue Dress' Drama That Divided a Planet," *Washington Post*, February 27, 2015, https://www.washingtonpost.com/news/morning-mix/wp/2015/02/27/the-inside-story-of-the-white-dress-blue-dress-drama-that-divided-a-nation/; Claudia Koerner, "The Dress Is Blue and Black, Says the Girl Who Saw It in Person," BuzzFeed News, February 26, 2015, https://www.buzzfeednews.com/article/claudiakoerner/the-dress-is-blue-and-black-says-the-girl-who-saw-it-in-pers.
3. Pascal Wallisch, "Illumination Assumptions Account for Individual Differences in the Perceptual Interpretation of a Profoundly Ambiguous Stimulus in the Color Domain: 'The Dress,'" *Journal of Vision* 17, no. 4 (2017): 5; Christoph Witzel, Chris Racey, J. Kevin O'Regan, "The Most Reasonable Explanation of 'The Dress': Implicit Assumptions about Illumination," *Journal of Vision* 17, no. 2 (2017): 1.
4. Chris Shelton, "Let's Get into Neuroscience with Dr. Jonas Kaplan," *Sensibly Speaking* podcast, https://www.youtube.com/watch?v=_

dPl6NKI1M4, 41:00.
5. Jonas Kaplan, "This Is How You Achieve Lasting Change by Rewiring Your Beliefs," Impact Theory, November 25, 2021, https://impacttheory.com/episode/jonas-kaplan/.
6. Christopher Chabris and Daniel Simons, *The Invisible Gorilla: And Other Ways Our Intuitions Deceive Us* (New York: Crown Publishers, 2011).
7. James Alcock, *Belief: What It Means to Believe and Why Our Convictions Are So Compelling* (Amherst, NY: Prometheus Books, 2018).
8. Joshua Klayman and Young-won Ha, "Confirmation, Disconfirmation, and Information in Hypothesis Testing," *Psychological Review* 94, no. 2 (1987): 211–228.
9. Richard E. Nisbett and Timothy D. Wilson, "Telling More Than We Can Know: Verbal Reports on Mental Processes," *Psychological Review* 84, no. 3 (1977): 231–259.
10. Francis Bacon, *The New Organon, or True Directions Concerning the Interpretation of Nature*, 1620.
11. Drake Baer, "Kahneman: Your Cognitive Biases Act Like Optical Illusions," *New York* magazine, January 13, 2017, https://www.thecut.com/2017/01/kahneman-biases-act-like-optical-illusions.html.
12. Baer, "Kahneman."

第十章

1. Jeff Pearlman, *Love Me, Hate Me: Barry Bonds and the Making of an Antihero* (New York: HarperCollins: 2006); Jeff Pearlman, "For Bonds, Great Wasn't Good Enough," ESPN, March 14, 2006, https://www.espn.com/mlb/news/story?id=2368395.
2. A. W. Tucker, "The Mathematics of Tucker: A Sampler," *The Two-Year*

College Mathematics Journal 14, no. 3 (1983): 228–232.

3. Varda Liberman, Steven M. Samuels, and Lee Ross, "The Name of the Game: Predictive Power of Reputations versus Situational Labels in Determining Prisoner's Dilemma Game Moves," *Personality and Social Psychology Bulletin* 30, no. 9 (2004): 1175–1185.

4. Matthew Lieberman, "The Social Brain and the Workplace," Talks at Google, February 4, 2019, https://www.youtube.com/watch?v=h7UR9JwQEYk.

5. Alexis de Tocqueville, *Democracy in America, Volume II*, translated by Henry Reeve, 1840.

6. Mark Manson, "9 Steps to Hating Yourself a Little Less," Mark Manson blog, August 26, 2016, https://markmanson.net/hate-yourself.

7. Richard Schiffman, "We Need to Relearn That We're a Part of Nature, Not Separate from It," billmoyers.com, March 2, 2015.

8. Scott Galloway, "The Myth—and Liability—of America's Obsession with Rugged Individualism," Marker, March 15, 2021, https://medium.com/marker/the-myth-and-liability-of-americas-obsession-with-rugged-individualism-cf0ba80c2a05.

9. Roy F. Baumeister and Mark R. Leary, "The Need to Belong: Desire for Interpersonal Attachments as a Fundamental Human Motivation," *Psychological Bulletin* 117, no. 3 (1995): 497–529.

10. Baumeister and Leary, "The Need to Belong."

11. Jonathan White, *Talking on the Water: Conversations about Nature and Creativity* (San Antonio, TX: Trinity University Press, 2016).

第十一章

1. Charles G. Lord, Lee Ross, and Mark R. Lepper, "Biased Assimilation and Attitude Polarization: The Effects of Prior Theories on Subsequently Considered Evidence," *Journal of Personality and*

Social Psychology 37, no. 11 (1979): 2098–2109.
2. Jonas T. Kaplan, Sarah I. Gimbel, and Sam Harris, "Neural Correlates of Maintaining One's Political Beliefs in the Face of Counterevidence," *Scientific Reports* 6 (2016): 39589.
3. Brian Resnick, "A New Brain Study Sheds Light on Why It Can Be So Hard to Change Someone's Political Beliefs," Vox, January 23, 2017, https://www.vox.com/science-and-health/2016/12/28/14088992/brain-study-change-minds.
4. Jacqueline Howard, "This Is Why You Get Worked Up about Politics, According to Science," CNN, January 3, 2017, https://www.cnn.com/2017/01/03/health/political-beliefs-brain/index.html.
5. Valerie Curtis, Mícheál de Barra, and Robert Aunger, "Disgust as an Adaptive System for Disease Avoidance Behaviour," *Philosophical Transactions of the Royal Society B* 366, no. 1563 (2011): 389–401.

第十三章

1. Erik Erikson, *The Life Cycle Completed* (New York: W. W. Norton, 1982), 112.
2. Daniel Kahneman et al., "A Survey Method for Characterizing Daily Life Experience: The Day Reconstruction Method," *Science* 306, no. 5702 (2004): 1776–1780; Daniel Kahneman et al., "The Day Reconstruction Method (DRM): Instrument Documentation," July 2004, https://dornsife.usc.edu/assets/sites/780/docs/drm_documentation_july_2004.pdf.
3. Steve Jobs, Commencement Address, Stanford University, June 12, 2005, https://news.stanford.edu/2005/06/14/jobs-061505/.
4. Seneca, *On the Shortness of Life*.
5. Eugene Kim, "'One Day, Amazon Will Fail' but Our Job Is to Delay It as Long as Possible," CNBC, November 15, 2018.

國家圖書館出版品預行編目（CIP）資料

自我升級第一原理／麥可‧傑維斯（Michael Gervais），凱文‧雷克（Kevin Lake）著；廖建容譯. -- 第一版. -- 臺北市：天下雜誌股份有限公司, 2025.07
272 面 ; 14.8×21 公分. -- （天下財經 ; 590）
譯自：The first rule of mastery : stop worring about what people think of You
ISBN 978-626-7713-27-3（平裝）

1.CST：成功法　2.CST：自我實現　3.CST：認知心理學

177.2　　　　　　　　　　　　　　　　　　　114008189

天下財經 590

自我升級第一原理
The First Rule of Mastery: Stop worrying about What People Think of You

作　　者／麥可‧傑維斯博士（Michael Gervais, PhD）、凱文‧雷克（Kevin Lake）
譯　　者／廖建容
封面設計／Dinner Illustration
內頁排版／邱介惠
責任編輯／許玉意（特約）、張齊方

天下雜誌群創辦人／殷允芃
天下雜誌董事長／吳迎春
出版部總編輯／吳韻儀
出 版 者／天下雜誌股份有限公司
地　　址／台北市 104 南京東路二段 139 號 11 樓
讀者服務／（02）2662-0332　傳真／（02）2662-6048
天下雜誌GROUP網址／ http://www.cw.com.tw
劃撥帳號／01895001天下雜誌股份有限公司
法律顧問／台英國際商務法律事務所‧羅明通律師
製版印刷／中原造像股份有限公司
總 經 銷／大和圖書有限公司　電話／（02）8990-2588
出版日期／2025 年 7 月 8 日第一版第一次印行
定　　價／420 元

The First Rule of Mastery
Copyright © 2024 by Michael Gervais
This edition is published by arrangement with William Morris Endeavor Entertainment, LLC
through Andrew Nurnberg Associates International Limited.
Complex Chinese copyright © 2025 by CommonWealth Magazine Co., Ltd.
All rights reserved.

書 號：BCCF0590P
ISBN：978-626-7713-27-3（平裝）

直營門市書香花園　地址／台北市建國北路二段6巷11號　電話／02-2506-1635
天下網路書店　shop.cwbook.com.tw　電話／02-2662-0332　傳真／02-2662-6048
本書如有缺頁、破損、裝訂錯誤，請寄回本公司調換